KB215370

대한민국 리부트

시우진 지음

대한민국 리부트

새로운 시작을 위하여

북서퍼

일러두기
* 저자 고유의 글맛을 살리기 위해 표기와 맞춤법은 저자의 스타일을 따릅니다.

프롤로그

우리는 때때로 자신이 속한 사회가 길을 잃은 듯한 무력감에 빠지는 순간을 경험한다. 마치 커다란 폭풍이 휩쓸고 지나간 자리에 남겨진 잔해처럼, 어디로 가야 할지 몰라 멈춰 서 있는 것만 같은 순간들. 한국 사회가 계엄 이후 겪었던 혼란도 그러했다. 정해진 길이 사라진 듯한 막막함, 불확실한 내일에 대한 두려움, 그리고 그 가운데 묵묵히 살아가야 했던 사람들. 혼란 속에서도 어떻게든 질서를 찾으려 애쓰던 사람들, 그러나 그 노력조차 헛되이 느껴지는 순간들.

이러한 무력감과 혼란을 극복하고 새로운 나라를 만들어 가는 과정에서 우리는 무엇을 배울 수 있을까? 과거를 돌아볼 때, 2차 세계대전 이후 독일의 재건은 특별한 교훈을 준다. 전쟁으로 황폐해진 도시와 무너진 경제, 무엇보다도 깊은 도덕적 상처를 안고 있었던 독일은 절망 속에서도 새로운 미래를 향해 나아갔다. 그들이 이뤄낸 변화는 단순한 물리적 재건을 넘어 사회 전체의 가치관과 신뢰를 회복하는 과정이었다. 그러한 변화는 결코 하루아침에 이루어진 것이 아니었다. 하나하나 문제를 직면하고 해결해 가면서, 수많은 시행착오를 겪으면서 비로소 가능했다.

한국 역시 격변의 시기를 지나면서 여러 차례 어려움을 마주했다. 하지만 그때마다 우리는 다시 일어섰다. 그 과정에서 중요한 것은 단순히 제도를 정비하는 것이 아니라, 사람들 사이의 신뢰를 회복하고, 새로운 사회적 합의를 만들어가는 일이었다. 독일이 과거를 직면하고 철저한 반성과 함께 새로운 질서를 세운 것처럼, 우리도 혼란을 정리하고 앞으로 나아갈 수 있는 방법을 찾아야 한다. 하지만 이를 위해서는 우리가 무엇을 해야 할지 정확히 이해하는 것이 필요하다. 독일이 과거를 직시하는 데 얼마나 많은 시간을 들였는지, 어떤 방식으로 신뢰를 회복해 나갔는지를 우리는 면밀히 살펴볼 필요가 있다.

이 책은 그런 질문들에서 시작되었다. 우리는 어떻게 하면 과거의 무게에 짓눌리지 않고 새로운 사회를 만들어 갈 수 있을까? 무너진 신뢰를 다시 쌓을 수 있을까? 혼란 속에서도 희망을 찾을 수 있을까? 독일이 그랬던 것처럼, 우리도 현실을 직시하고 변화의 길을 모색해야 한다. 독일이 사회적 갈등과 경제적 위기를 극복하는 데 있어 정치적 개혁, 경제적 회복뿐만 아니라 사회적 통합을 어떻게 이루었는지, 우리와의 차이점과 공통점은 무엇인지 깊이 고민해 보아야 한다.

사회가 변화하기 위해서는 구성원들이 스스로 그 변화를 받아들이고 움직여야 한다. 정책적인 변화만으로는 한 사회의 구조적 문제를 해결할 수 없다. 독일이 과거를 철저히 반성하고 역사적 진실을 받아들이는 과정에서 국민 개개인의 노력과 참여가 있었듯이, 우리 또한 변화를 위한 주체가 되어야 한다. 그 변화는 때로 불편하고 힘겨운 길이겠지만, 더 나은 미래를 바란다면 마주해야 하는 길이기도 하다.

이 책을 통해 독일의 사례를 바라보면서 한국 사회가 걸어가야 할 길을 함께 고민해보자. 그리고 그 길 위에서 우리가 무엇을 할 수 있는지 따뜻한 시선으로 이야기해 보고자 한다. 길을 잃은 것처럼 보이는 순간에도, 변화와 희망은 언제나 우리 곁에 있음을 기억하며. 또한 우리는 역사에서 배운 교훈을 단순히 지식으로 남기는 것이 아니라, 실제로 행동으로 옮길 수 있도록 함께 노력해야 한다. 그러한 노력들이 모였을 때, 우리는 더욱 건강하고 단단한 사회를 만들어 갈 수 있을 것이다.

차
례

1장 계엄령의 그림자

한밤의 비상계엄

2024년 12월 3일 밤, 비상계엄이 선포되었다. "계엄령이라니 무슨 일인가?"라는 질문이 국민들 사이에서 쏟아져 나왔다. 이 소식은 폭풍처럼 전국을 휩쓸며 모두를 혼란에 빠뜨렸다. 1987년 민주화 이후 처음으로 선포된 계엄령이었다. 종북세력이 공공 안녕질서를 위협하고 있다는 이유에서였다.

그날 밤, 많은 이들이 뉴스를 보며 초조하게 상황을 지켜보았다. 평소와는 달리 시간이 더디게 흐르는 듯 느껴졌다.

비상계엄은 헌법 77조에 따라 대통령이 전시나 사변 등 국가 비상사태 시 발동할 수 있는 권한이다. 이 권한은 언론·출판·집회·결사의 자유를 일시적으로 제한하고, 정부나 법원에 특별 조치를 취할 수 있게 한다. 역사적으로 이 권한은 국민의 삶을 억압하는 도구로 사용된 바 있다. 한국 현대사에서도 계엄령이 국민의 기본권을 침해한 사례가 많다. 이 제도가 여전히 헌법에 그대로 남아 있다는 것은 우리가 과거의 상처를 안고 있음을 보여준다.

나는 그날 밤 잠자리에 들었다가 이불을 박차며 일어났다. 뉴스에서 계엄령 선포 소식을 듣고 충격에 빠졌다. 머릿속에는 군인들이 거리를 행진하고 방송국이 폐쇄되는 장면들이 떠올랐다. 갑작스러운 위기감이 나를 사로잡는 순간이었다. 역사책 속 계엄 이야기와 뉴스 장면이 머릿속을 스쳐 지나갔다.

이것은 현실로 다가온 생생한 현재였다. 내 일상이 얼마나 취약한지 깨닫게 했다. 이불 속에서 숨죽여 생각했다. 폭풍이 닥칠 것을 알면서도 어디로 피해야 할지 모르는 듯한 막막함이 느껴졌다. 불안감은 가라앉지 않았다.

국회는 이에 가만히 있지 않았다. 22대 국회는 즉각적으로 움직였다. 계엄이 선포된 지 세 시간이 채 안 된 12월 4일 오전 1시쯤, TV에서 국회 의사당 담을 넘어 들어가는 의원들이 보였다. 그들의 모습은 민주주의를 향한 뜨거운 집념을 상징하는 듯했다. 비록 방법이 과격해 보일지라도, 그 순간만큼은 그들의 결단이 나라를 위한 절실함으로 다가왔다.

한편, 이런 극단적인 상황을 초래한 현실이 씁쓸하게 느껴졌다.

국회의 움직임은 속보로 전해졌고, 새벽이 가까워질수록 긴장감은 더욱 높아졌다. 온 나라가 잠들 수 없는 밤을 보내고 있었다.

계엄령은 한국 현대사에서 여러 차례 발동된 바 있다. 1948년 제주 4.3 사건과 1980년 광주 민주화 운동 당시 계엄령이 선포되었다. 이처럼 계엄령은 군사적 개입을 정당화하거나 정치적 권력을 공고히 하기 위해 사용되었으며, 이로 인해 시민들의 기본권이 심각하게 침해되었다.

세계적으로도 계엄령은 요즘 시대엔 거의 사용되지 않는다. 최근 5년 안에 계엄이 선포된 나라는 우크라이나, 미얀마, 에콰도르, 그리고 한국이다. 우크라이나는 2022년 2월 24일 러시아의 침공으로 계엄을 선포했다. 미얀마는 2021년 2월 1일 군사 쿠데타 이후 여러 지역에 계엄령을 내렸다. 에콰도르는 2024년 1월 갱 폭력에 대응하기 위해 60일간의 비상사태를 선포했다.

이 나라들의 공통점은 계엄 선포가 그리 놀랍지 않다는 것이다. 그에 반해 한국은 쉽게 납득하기 어려운 상황이다. 또한 국가적 위기를 해결하기 위해 밟아야 할 첫 스텝은 법적 안정성, 즉 신뢰할 수 있는 준법적 조치이지 나라의 모든 시민의 자유를 제한하는 초강경 수단이 아닐 것이다. 이런 상황은 국내외적으로 더 큰 혼란과 비판만 불러일으킬 뿐이다.

이번 사태는 한국 민주주의에 새로운 도전을 던졌다. 국민의 자유와 권리, 그리고 국가 안보 사이에서 균형을 어떻게 잡아야 할지가 앞으로의 과제가 될 것이다. 이를 위해 국민의 기본권을 존중하면서도 실질적인 안보를 강화할 수 있는 법적, 제도적 장치를 마련해야 한다. 또한, 과거의 사례에서 교훈을 얻어 계엄령의 발동 조건과 절차를 보다 엄격히 규정해야 한다.

우리는 이제 스스로에게 물어야 한다. "진정한 민주주의를 지키기 위해 어떤 선택을 해야 하는가?" 자유와 안보 사이에서 균형을 찾는 것이 중요하다. 이 문제는 우리 삶의 근간을 이루는 이야기라는 것을 잊지 말아야 한다.

비상계엄이 유지됐다면

비상계엄이 선포되면 국민의 기본권이 심각하게 제한된다. 언론, 출판, 집회, 결사의 자유는 일시적으로 중단될 수 있으며, 표현의 자유도 당분간 누릴 수 없게 될 가능성마저 존재한다. 국민들은 침묵을 강요당하며, 듣지도, 보지도, 말하지도 못하는 상황에 처한다. 영장제도도 특별 조치의 대상이 되어, 수색이나 체포에 대해 항의할 방법이 없어진다. 불편을 넘어 국민의 일상을 송두리째 뒤흔드는 일이다.

계엄사령관의 권한이 강화되면 행정과 사법을 모두 장악하게 된다. 이것은 국가를 좌지우지할 수 있는 막강한 권력을 의미한다. 체포, 구금, 압수, 수색 등이 영장 없이 가능해지며, 평소의 법적 보호는 사라진다. 단순한 의심만으로도 집 수색이나 물품 압수가 이루어 질 수 있고, 이에 대한 항변은 거의 불가능하다. 이러한 권한 남용의 가능성은 불안을 증폭시키며, 국민들은 스스로를 보호하기 위해 더욱 침묵하게 된다. 사회적 신뢰가 점차 무너져 내린다.

사법권의 일부가 군사법원으로 이관되면, 내란이나 외환 같은 중대 범죄부터 공안을 해치는 죄까지 군사법원에서 재판된다. 진행 중인 재판도 군사법원으로 옮겨질 수 있다. 군사법원은 법보다 군사적 논리를 우선시할 가능성이 높아, 공정성과 형평성이 훼손될 우려가 있다. 과거 계엄 시절처럼 정부 비판 인사들이 체제 위협으로 간주되어 부당한 처벌을 받은 사례가 반복될 수 있다. 개인의 권리 침해와 법적 보호의 부재를 초래하며, 국민들의 불안을 가중시킨다. 재판 과정의 투명성 저하는 신뢰를 더욱 약화시키고, 군사법원의 판결이 정치적 도구로 전락할 위험도 있다.

통신과 인터넷 통제는 현대 사회에서 특히 심각한 문제다. 정부가 전기통신사업자에 명령하면 통화, 문자, 인터넷이 차단될 수 있다. 특정 지역의 인터넷 사용이 제한되면, 그 지역 주민들은 정보 단절 상태에 빠진다. 정보 접근의 자유를 박탈하는 것이다. 긴급 상황에서도 외부에 알릴 방법이 없어지며, 소셜 미디어를 통한 집단적 의사 표현도 불가능해진다. 국민들을 고립시키고, 지역 간 정보 격차를 심화시켜 사회적 분열을 초래할 수 있다.

국민의 거주와 이동의 자유도 제한될 수 있다. 통제구역으로 지정되면 해당 지역을 떠날 수 없게 되며, 단체행동도 금지된다. 파업이나 집회는 물론, 노동조합을 통한 항의도 막힐 수 있다. 개인의 권리 주장이 완전히 봉쇄되며, 이러한 제한은 장기화될 가능성이 높다. 통제구역 주민들은 생활 터전과 직업적 안정성을 잃을 위험에 처하며, 지역 경제도 심각한 타격을 입을 수 있다.

비상계엄 조치에 대한 공고는 미리 이루어지지만, 이것은 형식적 절차에 불과하다. 국민들이 대안을 마련할 시간이나 선택권을 제공하지 않으며, 오히려 혼란만 가중시킬 수 있다. 공고가 제대로 전달되지 않거나 내용이 모호하면 불안은 더욱 커진다.

이러한 조치들은 공공의 안녕을 위한 것이라고 하지만, 민주주의와 헌정질서를 위협할 수 있다는 비판이 제기된다. 국민들은 "질서 유지"라는 명분이 진정으로 자신들을 위한 것인지 의심하게 된다. 자유를 잃는 것만으로도 두려운 일인데, 이러한 제한이 언제 끝날지 불확실하다는 점은 공포를 야기한다. 결국 국민들은 이 조치가 권력 강화를 위한 수단이 아니냐는 의문을 품게 된다.

모든 것은 정부의 투명성과 국민의 신뢰에 달려 있다. 정부가 의도를 명확히 밝히고 국민들이 납득할 수 있는 절차를 제시하지 않으면 불만은 폭발한다. 투명성 부족은 정부와 국민 사이의 간극을 더 깊게 만들 뿐이다.

비상계엄은 국민의 삶 전반을 뒤흔드는 구조적 변화다. 개인의 일상이 통제되고, 경제적 불안이 심화되며, 사회적 신뢰가 붕괴될 위험이 있다. 민주주의의 기초를 약화시키는 결과를 초래할 수 있다. 자유와 안전을 동시에 지키는 것은 어려운 일이지만, 한쪽으로 치우친 조치는 더 큰 불만과 혼란을 낳는다. 계엄령의 근본적인 목적이 무엇인지에 대한 질문은 여전히 남아 있으며, 이에 대한 답은 국민 모두가 함께 찾아야 할 과제다. 이를 통해 민주주의와 헌법의 가치를 재확인하는 계기가 되어야 한다.

일촉즉발

비상계엄이 선포되자 국회는 즉각 움직였다. 계엄 선포 후 불과 2시간 35분 만에 비상계엄 해제 요구 결의안을 통과시켰다. 평소 회의를 미루거나 시간을 끄는 모습과는 정반대로 이번에는 속도전을 벌였다. 12월 4일 오전 1시 2분, 국회의원 190명이 만장일치로 결의안을 통과시키며 강력한 메시지를 보냈다. 우원식 국회의장은 단호한 어조로 "대통령은 국회 의결에 따라 즉시 비상계엄을 해제해야 한다"고 선언했다. 그의 목소리에는 안도감과 긴장감이 동시에 묻어났다. 이 순간, 국회의장의 책임감은 그 어느 때보다 무거웠을 것이다.

국회의장실은 공식 발표를 통해 "계엄 해제 결의안이 가결된 이상, 계엄령 선포는 무효"라고 밝혔다. 헌법 제77조 5항을 근거로 제시하며, 대통령도 법 앞에서는 고개를 숙여야 한다는 점을 강조했다. 이 조항은 국회가 재적 의원 과반수의 찬성으로 계엄 해제를 요구하면 대통령이 이를 해제해야 한다는 내용이다. 마치 헌법 책을 들고 국회의사당 한복판에서 외치는 듯한 강렬함이 느껴졌다. "이것 봐라, 여기 이렇게 써 있지 않느냐!"

계엄군이 국회 본청에 진입하려 했다는 소식이 들렸지만, 여야 의원들은 당당히 본회의장에 모여 결의안을 상정하고 가결했다. 이 장면은 드라마의 클라이맥스를 연상시켰다. 숨죽인 가운데 우원식 국회의장이 의사봉을 내려치는 순간 민주주의를 지키겠다는 강렬한 의지가 느껴졌다. 의원들 중 누군가는 마음속으로 "이게 진짜 정치다"라고 중얼거렸을지도 모른다.

국회의 이러한 대응은 갑작스러운 비상계엄 선포에 대한 정치권의 놀람과 분노를 반영했다. 계엄이라는 단어는 강철 같은 무게와 차가움을 내포한다. 이 단어가 현실로 다가왔을 때, 누구도 무관심할 수 없었다. 국회는 계엄이 헌정 질서를 위협할 수 있다고 판단해 신속히 해제 절차에 돌입했다. 결의안을 상정하는 동안 의원들 사이에는 긴장과 분노가 교차했다. "이게 대체 무슨 일이냐? 우리가 이걸 막지 않으면 안 된다"는 심정이었을 것이다.

회의장의 공기는 숨소리조차 들리지 않을 만큼 무거웠다. 긴장감은 폭발 직전의 화약처럼 팽팽했다. 의원들의 눈빛에는 두려움과 결의가 교차하며 비쳤고, 이 순간의 중압감이 그들을 하나로 묶어 주는 듯했다. 그들은 계엄이 무엇을 의미하고, 어떤 결과를 가져오는지 잘 알고 있었다. 서로 다른 의견을 가진 의원들조차 이 순간만큼은 한 목소리를 내야 한다는 사실을 깨달았을 것이다. 외부에서는 계엄군의 동향이 긴박하게 전해졌고, 본회의장 내부에서는 의사봉의 두드림이 국가적 혼란을 잠재울 수 있는 마지막 희망처럼 느껴졌다.

이 모든 일이 몇 시간 만에 벌어졌다는 사실은 드라마틱했다. 국민 모두가 한순간도 쉬지 않고 상황을 지켜봤다. 이렇게 빠르게 돌아가는 정치판은 스포츠 경기보다도 긴박했다. 누군가는 손에 땀을 쥐며 뉴스를 시청했을 것이고, 또 다른 누군가는 스마트폰으로 상황을 확인했을 것이다. 거리에서는 비상계엄에 대해 토론하는 시민들의 모습도 보였을 것이다. "이게 정말 필요한 조치였을까?" "민주주의를 이렇게 쉽게 놓아버릴 수는 없지 않나?" 시민들 사이에서도 뜨거운 논쟁이 오갔다.

카페나 직장에서도 비슷한 광경이 펼쳐졌을 것이다. 사람들은 각자의 관점에서 이번 사태를 논하며 목소리를 높였다. "이 나라에서 계엄령이라니 말도 안 된다!" "지금 국가 안보가 위태로운데 다른 선택이 있었겠어?"와 같은 대화가 오갔을 것이다. 이 대화 속에서 사람들은 민주주의가 어떤 상황에서 시험대에 오르는지 실감했을 것이다.

한편, 평론가들은 "비상계엄이 과연 적절했는가"를 두고 분주히 움직였다. 대통령의 결정을 지지하는 이들은 "안보를 위한 불가피한 선택"이라고 주장했고, 반대하는 이들은 "헌정 질서를 위협하는 도발"이라고 반발했다. 텔레비전 뉴스 패널은 밤새도록 찬반 양측의 목소리를 중계했다. 이런 논쟁을 보며 누군가는 깊은 고민에 빠졌을지도 모른다. "우리가 진정 지켜야 할 것은 무엇인가?"

언론의 보도는 스포츠 중계를 연상시켰다. 화면 속 기자들은 흥미로운 사건을 보도하듯 말했지만, 그 뒤에는 무거운 현실이 도사리고 있었다. 계엄은 스포츠가 아니다. 사람이 죽고 사는 일이다. 세상을 어떤 불길로 얼마나 태워버릴지 아무도 예상할 수 없다. 뉴스 스튜디오의 밝은 조명 아래에서도, 사람들은 어둠 속에서 벌어지는 현실을 이해하지 못하는 듯했다. 그런 태도가 더욱 불편하게 만들었다.

텔레비전 속 전문가들의 대담과 실시간 업데이트는 효율적이었지만, 동시에 공허하게 느껴졌다. 그 공허함은 우리가 이 문제를 개인적인 경험으로 받아들이지 못하고 있음을 보여주는 듯했다.

반면, 거리의 시민들은 실제로 그 무게를 체감하고 있었다. 집회가 열리고, 민주주의를 지켜야 한다는 목소리가 곳곳에서 터져 나왔다.

그날 밤은 길었다. 거리에서 집회가 이어지고, 뉴스 속 논쟁은 밤새 격렬했다. 그러나 긴장의 뒤편에는 희망의 불씨도 있었다. 각자의 방식으로 민주주의를 지키려는 시민들의 노력이 이 긴 밤을 버틸 수 있게 해주었다. 이 모든 상황은 민주주의라는 이름 아래 벌어진 사건이었다. 전 세계 민주주의 역사에서 기억될 만한 순간이었다. 계엄령이라는 무거운 결정에 맞서 국회는 자신들에게 부여된 헌법적 권한을 단호히 행사했다. 시민들의 신뢰와 결단이 모여 이루어낸 성과였다. 이러한 모습은 대한민국 민주주의의 강인함을 상징적으로 보여주는 장면이었다. 앞으로 이런 장면이 다시 반복될지는 알 수 없다. 하지만 그날 밤, 국회에서 벌어진 일들은 국민 모두에게 민주주의의 가치를 다시 한번 일깨워 주었다. 그리고 그 가치는, 누군가의 희생과 불면의 밤으로 지켜진다는 사실을 잊어서는 안 될 것이다. 민주주의는 결코 가벼운 것이 아니다. 그것은 긴 싸움의 연속이며, 우리 모두가 함께 지켜야 할 약속이다.

도대체 왜?

비상계엄 소식을 접했을 때 솔직히 어이없다는 느낌이 강했다. 영화 속에서나 나올 법한 일이 현실에서 벌어졌다는 생각이 들었다. 처음에는 농담으로 여겼지만, 점점 사실임을 깨닫게 되면서 더욱 놀라움을 감출 수 없었다. 왜 이런 일이 벌어졌는지 궁금했다.

첫 번째 이유로 정치적 압박이 거론되었다. 야당이 탄핵소추를 추진하고 예산안을 단독 처리하자, 이를 "입법 독재"라고 표현하며 분노를 드러냈다. 하지만 이런 표현은 드라마 대사처럼 들렸다. 정치적 갈등이 있다면 대화와 타협을 통해 해결해야지, 계엄령으로 대응하는 것은 지나친 처사로 보였다. "예산 폭거"라는 표현 역시 과장된 느낌이 들었다. 이런 극단적인 조치가 정말 최선이었는지 의문이 들었다. 정치적 갈등이 심각한 것은 알겠지만, 이러한 조치가 나오다니 이해하기 어려웠다.

이 상황은 정치적 균형과 견제의 중요성을 다시 한 번 상기시킨다. 정치적 압박이 심각한 것은 사실이지만, 민주주의 체제에서는 협상과 설득이 우선되어야 한다. 정치란 불확실한 상황에서도 국민의 신뢰를 얻으며 균형을 찾는 기술이다. 그러나 이번 사태는 복잡한 문제를 강압적으로 해결하려는 듯한 모습이 우려를 자아냈다. "입법 독재"라는 용어를 사용하며 불만을 표출한 것이 오히려 문제의 본질을 흐리게 만들었다는 분석도 가능하다. 국민들은 구체적인 대안을 원한다.

두 번째 이유는 국가 안보 위협이었다. 북한 공산세력과 종북 반국가세력을 척결하겠다는 발언이 나왔지만, 이것은 시대를 초월한 듯한 표현이었다. 고전 소설에서나 나올 법한 단어처럼 느껴졌다. 더욱이, 이 위협에 대한 구체적인 사례가 제시되지 않아 의문이 들었다. 위협이 있다고만 말해선 국민들을 설득하기 어렵다. 위협을 언급할 때는 구체적인 증거와 데이터가 뒷받침되어야 한다. 다른 나라들은 국제 협력과 구체적인 자료를 통해 위협을 설명하는데, 이번 선포에는 그러한 요소가 부족했다.

"위협"이라는 단어 하나로 모든 것을 설명하려는 시도는 지나치게 단순화된 접근이다. 국민들은 구체적이고 설득력 있는 사례를 원한다. "북한 공산세력"이라는 표현도 현대 사회에서는 신선함이 떨어져 설득력이 부족하다. 국민들은 "또 그 얘기?"라는 반응을 보일 가능성이 크다.

마지막으로, 자유 헌정 질서를 지키겠다는 발언이 있었다. 이 표현은 중요하게 들리지만, 정작 무엇을 지키겠다는 것인지 명확하지 않았다. 추상적인 표현만 반복되니 허공에 말을 던지는 듯한 느낌이 들었다. 국민들은 "헌정 질서"라는 말의 무게를 느끼지만, 실질적인 내용이 없어 의문이 남는다.

추상적인 이유만으로는 국민들을 설득하기 어렵다. 현대 사회에서는 구호보다는 논리와 증거가 필요하다. "말만 듣고 납득하라는 거냐"라는 생각이 들 수밖에 없다. 전문가들은 이번 조치가 정치적 공격을 방어하기 위한 전술일 가능성을 지적한다. 정치적 난국에서 흔히 나오는 방어책처럼 보이기도 한다. 하지만 그 역시 비상계엄까지 갈 필요가 있었는지 의문이 든다. 만약 이 결정이 정치적 계산이라면, 이는 매우 위험한 도박이다.

비상계엄은 정치적, 사회적 파장을 고려해야 하는 중대한 조치다. 국민들의 반응과 국제 사회의 시선을 충분히 고려했는지 의문이다. 국민들은 비상계엄이라는 단어 자체에 불안감을 느꼈다. 미래가 순식간에 불확실해졌다. 이 불확실성은 사람들을 더욱 초조하게 만들었다. 정치적 논란은 더욱 커졌고, 국제 사회도 이번 결정을 주목하고 있다.

이 상황은 한 편의 정치 드라마를 연상시킨다. 그러나 이 드라마의 결말이 어떻게 될지는 아직 아무도 모른다. 우리는 이 혼란스러운 현실의 다음 장면을 기다리며 긴장 속에 있다. 정치적 갈등이 극단적으로 치닫는 상황에서 국민들의 목소리가 얼마나 반영될지도 미지수다. 정치적 리더십이 진정성을 보여야 할 때다. 국민들이 공감할 수 있는 설득과 참여를 통해 구체적인 해결책을 제시해야 한다. 국민들은 명확한 답변과 미래를 위한 계획을 원한다.

비상계엄이 실제로 어떤 위협을 막았는지, 장기적으로 국가 안정에 어떻게 기여할지 구체적으로 설명했어야 한다. 이번 결정은 혼란과 불신만을 남겼다. 새로운 접근법이 필요하다. 정치적 결정이 실제 행동으로 이어지지 않으면 국민들의 신뢰는 더욱 무너질 것이다. 국가의 미래를 결정짓는 이 중요한 순간에서 리더십은 더 큰 시험대 위에 서 있다.

계엄 포고문

계엄사령부 포고령(제1호)

자유대한민국 내부에 암약하고 있는 반국가세력의 대한민국 체제전복 위협으로부터 자유민주주의를 수호하고, 국민의 안전을 지키기 위해 2024년 12월 3일 23:00부로 대한민국 전역에 다음 사항을 포고합니다.

1. 국회와 지방의회, 정당의 활동과 정치적 결사, 집회, 시위 등 일체의 정치활동을 금한다.

2. 자유민주주의 체제를 부정하거나, 전복을 기도하는 일체의 행위를 금하고, 가짜뉴스, 여론조작, 허위선동을 금한다.

3. 모든 언론과 출판은 계엄사의 통제를 받는다.

4 .사회혼란을 조장하는 파업, 태업, 집회행위를 금한다.

5. 전공의를 비롯하여 파업 중이거나 의료현장을 이탈한 모든 의료인은 48시간 내 본업에 복귀하여 충실히 근무하고 위반시는 계엄법에 의해 처단한다.

6. 반국가세력 등 체제전복세력을 제외한 선량한 일반 국민들은 일상생활에 불편을 최소화할 수 있도록 조치한다.

이상의 포고령 위반자에 대해서는 대한민국 계엄법 제 9조(계엄사령관 특별조치권)에 의하여 영장없이 체포, 구금, 압수수색을 할 수 있으며, 계엄법 제 14조(벌칙)에 의하여 처단한다.

2024.12.3.(화) 계엄사령관 육군대장 박안수

쎄한 느낌이 들었다. 계엄과 함께 발표된 포고문을 보며 처음 느낀 감정이었다. 한 번 본 사람이라면 손에 땀이 날 정도로 으스스한 분위기가 감돌았다. 종이에 적힌 문장 하나하나가 마치 역사의 유령들이 춤을 추는 듯했다. 내용은 예상했던 대로였지만, 오히려 더 강력했다.

국회와 지방의회, 정당, 정치적 결사, 집회, 시위 등 모든 정치 활동이 금지됐다. 정치의 기본 생리를 완전히 차단한다는 의미였다. 어딘가 섬뜩했다. 정치판 전체를 정지시키고, 그것을 '질서 유지'라는 명분으로 묶어버린다는 것이 말이다. 이게 정치의 '정지'인지, 아니면 '억압'인지 고민하게 만들었다.

언론 역시 마찬가지였다. 계엄사가 모든 언론과 출판을 통제한다고 명시되어 있었다. '통제'라는 단어의 무게는 이루 말할 수 없었다. 누구의 기준으로, 무엇을 어떻게 통제하겠다는 건지 알 수 없었지만, 이 조항 하나로 뉴스, 기사, 심지어 라디오 DJ의 농담 한마디조차 믿을 수 없게 될 거라는 사실은 분명했다. 모든 것이 한 방향으로만 흘러갈 것이다. 역사는 이미 그런 세상이 얼마나 위험한지 증명해줬다.

더 놀라운 부분은 파업, 태업, 집회 등 사회혼란 조장 행위를 금지한다는 내용이었다. '혼란'이라는 단어는 너무나 주관적이었다. 누가 혼란이라고 규정할지, 어떤 기준으로 판단할지 알 수 없었다. 이쯤 되면 모든 것이 혼란스러워 보였다. 더 나아가 의료인들에게는 48시간 안에 복귀하라는 명령까지 내렸다. "48시간 내 복귀하지 않으면 처단한다"는 말은 마치 전시 명령 같았다. 이를 어기는 의료인이 얼마나 될지는 알 수 없지만, 명령 하나로 의료 현장의 불안과 불신이 깊어질 것은 분명했다.

그러나 가장 충격적인 것은 '영장 없는 체포' 조항이었다. 이 문장은 파격적이었다. 포고령을 위반한 사람은 영장 없이 체포되고, 구금되며, 압수수색까지 당할 수 있다고 했다. 생각만 해도 등골이 오싹했다. 이게 우리가 살고 있는 시대의 이야기인지 의심스러울 정도로 비현실적이었다. 사실상 모든 개인의 권리가 정지된 상태라고 봐도 무방했다. 그 위에 "처단한다"는 말이 두 번이나 적혀 있었다. 누구든 반대하면 처벌하겠다는 강력한 의지로 느껴졌다.

포고문을 읽으며 떠오른 것은 1980년이었다. 당시 계엄 포고령과 이번 포고령은 너무나 닮아 있었다. 아니, 닮은 정도를 넘어 거의 복사 수준이었다. 누군가는 이런 문장을 보며 '똑똑히 기억해 두라'고 외칠지도 모른다. 하지만 이런 복사와 재현이 주는 것은 두려움이다. 역사가 반복된다는 사실을 마주한 사람들의 마음에는 공포가 자리 잡았다.

더 깊은 문제는 이러한 조치가 공포를 통해 권력을 강화하려는 시도로 보인다는 점이다. 포고령은 강압적 통제의 상징이 되었고, 국민들은 자신들의 삶이 점점 더 통제되는 것을 느꼈다. 이렇게 되면 시민들이 주도적으로 문제를 해결하려는 의지마저 꺾이게 된다. 이것이야말로 민주주의의 가장 큰 적이다.

헌법 위반 논란도 불거졌다. 언론, 집회, 결사의 자유 등 헌법이 보장하는 기본권을 정면으로 부정했다는 비판이 쏟아졌다. 많은 국민들은 군부독재 시절의 국가폭력에 대한 트라우마를 재경험하게 되었다. 정치적 의도를 의심하는 목소리도 나왔다. 이 모든 조치가 대통령 개인의 정치적 문제를 해결하려는 수단으로 악용된 것이 아니냐는 의혹이었다. 포고령이 내포한 힘은 개인의 권리보다 강했고, 그 힘이 개인적 이익을 위해 쓰인다면 민주주의는 더 이상 존재하지 않을 것이다.

특히 군사적 개입은 과거에도 국민들에게 엄청난 상처를 남겼다. 광주 민주화 운동 당시 계엄군의 투입은 질서 유지라는 명분으로 이루어졌지만, 결국 수많은 생명을 앗아갔다. 이런 역사를 떠올리는 국민들에게 이번 포고령은 단순한 명령 이상의 무게로 다가왔다. 우리는 다시금 과거의 악몽을 떠올리며 불안을 느꼈다. 이러한 두려움은 역사적 경험과 함께, 지금 눈앞에서 벌어지는 현실이기에 더욱 강렬했다.

그런데 이상한 점이 있다. 의료인 복귀와 계엄의 상관성이 무엇이냐는 것이다. 계엄이라는 극단적 조치를 발동하면서 의료인을 대상으로 한 복귀 명령이 포함된 이유를 도무지 이해할 수 없다. 우선, 법적 문제가 있다. 헌법상 직업선택의 자유는 모든 국민에게 보장된 기본권이다. 이를 강제로 제한하는 명령은 명백히 위헌의 소지가 있다. 전공의를 포함한 많은 의료인들이 이미 사직 처리된 상태라는 점에서, 복귀 명령 자체가 현실과 동떨어져 있다는 비판도 크다. 실제로 이미 다른 의료기관에서 근무 중인 전공의들이 대부분이라는 사실은 계엄사령부의 주장을 무색하게 만든다.

의료계 내부에서도 큰 혼란이 벌어졌다. 복귀 명령의 대상이 불분명하다는 점이 문제다. 현재 현장에서 근무 중인 의료인과 사직한 전공의 사이에 어떤 기준으로 복귀를 강제할지에 대한 명확한 설명이 없었다. 대한의사협회는 "의료계는 항상 환자를 위해 현장에서 최선을 다하고 있다"며 계엄 주장에 강한 의문을 제기했다. 특히, 복귀 명령이 의료 서비스의 질을 높이는 대신 오히려 의료진의 사기를 꺾고 갈등을 초래할 수 있다는 점도 우려스러운 부분이다.

분명한 의도가 숨어 있는 포고문이라는 느낌이 들었다. 그 문장 하나하나에서 느껴지는 기운은 경고를 넘어섰다. 포고문이 지시하는 것은 법적 제재나 규율의 확립이 아니었다. 이를 따르지 않는다면 피할 수 없는 죽음이 기다리고 있다는 것을 은연중에 암시하는 것 같았다.

특히 '처단한다'는 표현이 두 번이나 등장한 대목에서는 숨이 막힐 정도였다. 이 단어는 법치나 질서 유지의 관점에서 나온 것이 아니었다. 누군가를 단죄하고 제거하겠다는 강력한 의지를 품고 있었다. 게다가 영장 없는 체포와 구금이 가능하다는 조항은 이를 뒷받침하는 무서운 현실적 장치였다. 국민들은 법이 아닌 권력의 임의적 결정 앞에 놓이게 되었고, 그 속에서 인간의 존엄성은 산산이 부서지는 느낌이었다.

더 이상 포고문이 아니라 일종의 선전포고처럼 느껴졌다. 그것은 국민을 대상으로 한 경고이자 위협이었다. 이 문장이 담고 있는 진정한 목적은 공포를 심어 반발을 억누르고 복종을 강요하는 데 있었던 것이 분명해 보였다.

계엄은 어쩌면 결과

우리는 정말 아무런 잘못도 없고, 반성할 것도 없는 것일까? 계엄이라는 거대한 폭풍이 온 나라를 뒤덮었다. 이 폭풍은 권력의 무자비함을 상징하는 것뿐만 아니라, 우리 일상의 구석구석에 숨어 있던 균열을 낱낱이 드러내는 사건이었다. 사람들은 불안과 공포 속에서 서로의 눈치를 보며 숨을 죽였다. 일상에서 느껴지던 자유의 공기는 사라지고, 대신 억압과 불확실성이 채워졌다. 이러한 상황 속에서 우리는 무엇을 잃고 있는지, 무엇을 되찾아야 하는지 깊이 고민하지 않을 수 없었다. 계엄을 일으킨 사람만 사라지고 처벌하면 끝나는 것일까? 계엄은 하나의 사건으로 사라지지만, 그 배경을 형성한 우리의 구조와 태도는 그대로 남아 있다.

한국의 자살률은 심각한 사회 문제로 대두되고 있다. 2023년 자살 사망자 수는 13,978명으로, 전년 대비 1,072명(8.3%) 증가했다. 특히, 개인의 정신적 고통이 사회적 지원 체계의 부족으로 더욱 악화되는 상황은 문제를 심화시킨다. 자살이라는 극단적 선택은 사회 전반의 구조적 문제를 반영하는 신호일 수 있다. 자살률(인구 10만 명당)은 27.3명으로, 전년 대비 2.2명(8.5%) 증가했다. 특히, 연령별로 살펴보면 문제의 심각성은 더 두드러진다. 80세 이상 노인의 자살률이 가장 높은데, 2022년 기준 80세 이상 자살률은 60.6명으로 다른 연령대에 비해 최대 8.4배 높다. 고령층이 사회적, 경제적 지원의 부재 속에서 고립과 절망을 겪고 있음을 시사한다.

청소년과 청년층의 자살 문제도 개인의 정신적 문제로 치부될 수 없다. 경제적 요인과 더불어, 현대 사회의 경쟁적 구조와 지나치게 높은 기대치는 젊은 세대에게 엄청난 부담으로 작용하고 있다.

자살률 증가는 개인의 문제로 한정할 수 없는, 우리 사회의 총체적 실패를 드러내는 거울이다. 이 숫자들은 통계로만 보아 넘길 문제가 아니다. 이 숫자들 뒤에는 각각의 이야기가 있다. 학교에서 왕따를 당하고, 직장에서 성과 압박을 받으며, 가정에서 이해받지 못한 사람들이 있다. 그리고 그 이야기는 계속 반복된다. 누군가는 이를 사회의 구조적 문제로 보고, 누군가는 개인의 선택으로 돌린다. 그러나 본질적으로 이는 우리 사회 전체가 지닌 병폐다. 이 문제는 개개인의 선택으로 환원될 수 없는, 사회적, 문화적, 경제적 복합체다.

국제적으로 보면, 한국의 자살률은 OECD 회원국 중 1위로, OECD 평균(10.7명)의 2.3배에 달한다. 이 높은 자살률은 경제적 어려움과 실업, 사회적 고립, 정신건강 문제, 과도한 경쟁 구조, 그리고 코로나19 팬데믹의 영향 등 복합적인 요인에서 비롯된다. 또한 이러한 문제는 우리 사회의 깊은 문화적 뿌리와도 연결되어 있다. 우리는 실패를 용납하지 않는 문화 속에서 살아간다. 실패를 인정하지 않는 것은 실패를 숨기는 것이고, 숨긴 실패는 결국 개인의 고통으로 귀결된다. 그리고 이러한 고통은 또 다른 비극으로 이어진다. 우리는 실패를 용납하지 않는 문화 속에서 서로를 괴롭히며, 스스로를 괴롭힌다. 그리고 이러한 문화는 개인의 상처와 고통을 집단의 문제로 전이시키는 기제가 된다.

언젠가 누군가 말했다. 역사는 반복되지 않는다. 그러나 비슷한 사건들은 반복된다. 사람들은 그저 다른 얼굴과 다른 이름으로 등장한다. 윤석열이 아니더라도 또 다른 윤석열이 나올 것이다. 우리가 아무런 반성도 하지 않는다면, 다시 같은 폭풍을 맞을 것이다. 역사가 반복된다는 것은 결국 우리가 그 안에서 아무것도 배우지 못했음을 의미한다. 같은 잘못을 반복하면서도, 우리는 여전히 새로운 결과를 기대한다. 어리석음의 정의와 다를 바 없다. 같은 잘못을 반복하면서도 새로운 결과를 기대하는 우리에게 필요한 것은 무엇일까? 그것은 아마도 진정한 성찰과 실질적인 행동일 것이다.

계엄이 끝난다고 해서 그게 끝이 아니다. 계엄을 가능하게 만든 사회는 여전히 남아 있다. 그 누구도 변하지 않는다. 그저 오래된 문제를 새로운 이름으로 포장하며, 본질을 외면하는 데 급급하다. 이 반복되는 순환 속에서 우리는 과연 무엇을 배우고 있는가? 무엇을 바꿀 수 있는가? 변화를 위해 우리는 근본적인 질문에 대답해야 한다. 우리가 정말로 원하는 사회는 어떤 모습인가? 그리고 이를 위해 우리는 무엇을 해야 하는가?

한국의 높은 자살률은 복합적인 사회문제를 반영하고 있으며, 이를 해결하기 위해서는 정부, 의료계, 언론, 시민사회 등 다양한 주체의 협력이 필요하다. 정신건강 지원 확대, 사회 안전망 강화, 낙인 해소 등 다각적인 접근이 필요하다. 하지만 이러한 접근이 실현되기 위해서는 무엇보다도 우리 개개인의 변화가 중요하다. 우리는 무관심에서 벗어나야 한다. 서로의 고통에 귀 기울이고, 함께 살아가기 위한 방식을 고민해야 한다. 우리는 스스로에게 물어야 한다. 우리가 이 사회의 일원으로서 어떤 책임을 지고 있는지, 그리고 어떻게 더 나은 방향으로 나아갈 수 있는지.

우리가 맞서야 할 것은 눈앞에 드러난 문제뿐 아니라, 그 문제를 가능케 한 사회의 구조와 우리의 태도다. 우리는 이러한 질문을 통해 스스로를 돌아보고, 진정으로 무엇이 중요한지 깨달아야 한다. 그 답은 우리 삶의 방향과 목적을 재정의하는 데 핵심이 될 것이다. 내가 대답을 가지고 있다면 얼마나 좋을까. 하지만 없다. (그게 더 문제다.) 그리고 어쩌면, 그 답을 찾아가는 과정 자체가 우리가 살아가는 이유일지도 모른다. 어쩌면 질문을 멈추지 않는 것이야말로 우리가 진정으로 살아있음을 증명하는 유일한 방법일지도 모른다. 우리는 계속 질문해야 한다. 질문 속에서 우리는 더 나은 답을 찾을 것이다. 그리고 그 답이 우리를 더 나은 길로 이끌 것이다.

　계엄은 어쩌면 결과일 수 있다. 자살률 1위라는 오명을 가진 사회가 스스로 만들어낸 산물일지도 모른다. 이 사회는 이미 어떤 일이 벌어져도 이상하지 않은, 무감각해지고 균열이 깊어진 상태에 놓여 있다. 경제적 불평등, 사회적 고립, 끝없는 경쟁 구조가 개인과 집단을 서서히 갉아먹었다. 계엄은 이러한 모든 문제가 응축되어 폭발한 하나의 현상일 뿐이다. 이 사회는 폭풍이 지나가도 여전히 흔들리는 기둥과 균열 난 벽으로 가득하다. 우리가 이 사회의 본질적인 문제들을 직시하지 않는다면, 같은 비극은 반복될 것이다.

어쨌든 실패

지금 생각해 보면 계엄이 이 정도에서 마무리된 것은 영화 '서울의 봄'이 큰 역할을 했다고 생각한다. 이 영화가 계엄 저지에 미친 영향은 지대했다. 뭔가 아이러니하지만, 현실이 영화보다 더 극적일 때가 있다. 더욱이 이 영화가 단순한 역사 재현이 아니었다는 점에서 그 의미는 더욱 크다. 역사는 반복된다고 하지만 사람들은 그 순간을 직접 목격해야만 행동으로 옮기는 법이다.

'서울의 봄'은 전두환의 12·12 쿠데타를 다룬 영화로, 2023년 11월 개봉되어 단숨에 1,312만 명의 관객을 끌어모았다. 개봉 당시 사람들은 "영화로 역사를 배운다"고 했지만 그 내용이 불과 1년 뒤 예언처럼 현실화될 줄은 예상하지 못했다. 영화 속 장면들이 하나씩 현실에 투영되기 시작했다. 국회 상공에 헬기가 나타난 순간, 누군가는 영화 속 장면을 떠올렸고, 누군가는 스마트폰을 들고 "이거 서울의 봄 아냐?"라고 외쳤다.

SNS는 열기로 가득 찼다. "영화가 현실로 돌아왔다"는 비명과 함께 유명한 대사 "실패하면 반역, 성공하면 혁명 아닙니까"가 빠르게 확산되었다. 영화 장면과 실제 뉴스를 나란히 비교한 이미지들이 넘쳐났다. 아이러니하게도, 모두가 영화를 통해 미리 대비한 듯 움직이기 시작했다. 영화는 더 이상 과거의 이야기가 아니었다. 그 비극을 기억하는 세대와 영화로 역사를 접한 MZ세대가 함께 거리로 나섰다.

MZ세대에게 '서울의 봄'은 경고와도 같은 존재였다. "그때 그렇게 당했으니, 이번엔 막아야 한다"는 메시지를 영상으로 깨우친 이들이었다. 서울 광장과 주요 도심에서 수만 명의 시민들이 모였고, MZ세대의 손글씨 피켓에는 "우린 '서울의 봄'을 봤다"는 문구가 적혀 있었다. 이 한마디가 모든 것을 설명했다. 역사의 비극을 미리 알고 막으려는 이들이 광장에 모인 것이다.

'서울의 봄'은 이제 영화가 아니다. 그것은 도구였고, 신호였으며, 경고음이었다. 비상계엄 선포는 6시간 만에 해제되었지만, 그 속도는 영화가 있었기에 가능했다. 국민들은 이미 스크린에서 비극의 결말을 목격했기 때문에 주저 없이 행동했다. 역사책으로 읽는 비극은 마음에 새겨지지만, 눈으로 본 비극은 사람들을 움직이게 한다. '서울의 봄'은 계엄의 본질과 그것을 막는 방법을 영상으로 보여주었다.

영화가 던진 질문은 간단했다. "과연 우리는 그때와 다를까?" 국민들은 "이번에는 다르다"고 답했다. 그 답은 거리에서, 국회에서, SNS에서 실시간으로 퍼져 나갔다. 국회는 신속히 비상계엄 해제 결의안을 통과시켰고, 국민들은 그 장면을 영화의 클라이맥스를 보는 듯 지켜봤다. 현실과 영화가 뒤섞이며 모두가 깨달았을 것이다. 영화는 끝났지만, 현실은 계속된다는 것을.

아이러니하게도, 현실에서 계엄의 역사는 반복될 뻔했지만, 영화의 메시지는 그 반복을 막아냈다. 국회 위를 맴도는 헬기, 계엄군의 진입 시도, 그리고 국민의 저항. 영화의 마지막 장면처럼 보였던 이 상황은, 스크린 밖에서도 비슷한 결말을 맞이했다. 비록 순간의 위기는 있었지만, 영화가 가르쳐준 교훈은 분명했다. 과거의 비극을 기억하는 한, 그것은 다시 반복되지 않는다.

'서울의 봄'은 위기의 순간에 현실 정치에 날카로운 메시지를 던진 예언서였다. 한 편의 영화가 위대한 역할을 했다. 아니, 국민이 영화를 통해 위대한 선택을 한 것일지도 모른다. 계엄 덕분에 '서울의 봄'은 더 오래, 더 깊이 기억될 것이다. 스크린 속 이야기가 아니라, 민주주의를 지켜낸 중요한 기록으로 남을 것이다. 영화보다 현실이 더 극적일 때, 우리는 비로소 역사가 만들어지는 순간을 목격하는 것이다.

우린 어떻게 살아야 할까?

계엄 이후의 나의 삶은 혼란의 연속이다. 평소처럼 살아가고 있지만, 무엇인가 불안하고 답답함이 사라지지 않는다. 마치 무너진 나라에 살고 있는 듯한 기분이다. 안전하고 든든할 거라 믿었던 나라가 어느 순간 나를 덮칠지도 모른다는 막연한 불안 속에서 하루하루를 보내고 있다.

이 상황이 언젠가는 해결될지도 모르지만, 그렇다고 해도 이 불안감이 사라질 것 같지는 않다. 언제든 제2, 제3의 비슷한 사태가 다시 벌어질 수 있기 때문이다. 나라가 불안정해지면 개인의 삶이 얼마나 쉽게 흔들릴 수 있는지 이번에 뼈저리게 느꼈다. 개인의 삶은 안정된 나라라는 기반 위에 쌓아 올린 성과 같다. 그 기초가 흔들리면 그 위에 세운 모든 것이 순식간에 무너질 수 있다는 사실을 이제야 깨달았다.

갑자기 폐허가 된 나라의 이미지가 머릿속에서 떠나지 않는다. 이 사건은 나에게 커다란 트라우마를 남겼다. 전쟁이나 민주항쟁 같은 더 큰 사회적 격변을 겪은 사람들의 마음은 과연 어떠했을지 생각하면, 그들의 고통을 이해한다는 말조차 함부로 내뱉을 수 없을 것 같다. 이토록 큰 상실감을 안겨주다니.

계엄 이후의 사회적, 정치적 혼란을 지켜보는 것은 지치고 힘든 나날의 연속이었다. 계속해서 고통을 받는 기분이 들었다. 개인의 상실감이 아니라, 국가 전체가 느끼는 무언가 큰 상실이다. 유형적, 무형적으로 많은 것을 잃었지만, 무엇보다 사람들의 마음에 깊은 상처가 남았다. 겉으로는 평소와 다름없이 살아가는 듯 보이지만, 내면에는 피로감과 불안이 쌓여만 가는 것 같다. 이 모든 것이 언젠가는 터져 나올 것 같은 예감이 든다.

나라를 걱정하기보다는 자신의 앞날을 걱정해야 할 학생들이 거리로 나왔고, 계엄 소식을 듣자마자 밤중에 달려온 시민 영웅들. 그들에게는 오직 고마움뿐이다. 무엇보다 시간을 잃고 있다는 느낌이 강하다. 다른 나라들은 첨단 기술을 발전시키며 인간과 유사한 수준의 인공지능을 만들어내고 있는데, 우리는 갑자기 계엄이라는 상황에 빠져들었다. 마치 2차 대전이 일어났던 85년 전으로 시간이 돌아간 듯한 기분이다. 현대적이고 진보적인 세계와의 격차가 점점 벌어지는 이 느낌은 존엄과 희망의 문제로 다가온다.

그러다 독일이 떠올랐다. 우리와 마찬가지로 전후 분단을 겪었던 나라. 독일은 전쟁으로 완전히 폐허가 되었지만, 그들은 이를 기회로 삼아 새로운 체제를 구축하고 사회를 재건했다. 그 과정에서 경제적 기적을 이루었고, 민주주의를 뿌리내리며 국제사회의 중심으로 돌아왔다. 독일의 경험은 우리에게 위기를 극복할 수 있는 영감을 줄 수 있을 것 같다. 하지만 독일의 재건 과정이 결코 쉽지 않았음을 생각하면, 우리가 얼마나 더 많은 노력을 해야 할지 가늠하기 어렵다.

독일의 이야기는 전쟁으로 시작된다. 전쟁의 상처는 깊었고, 이후 베르사유 조약이 체결되었다. 이 조약은 독일에게 천문학적인 전쟁 배상금을 지우고, 군사력을 제한하며, 주요 영토를 상실하게 했다. 독일은 해외 식민지를 모두 잃었고, 군대는 10만 명으로 축소되었으며, 공군과 해군은 사실상 해체되었다. 이 조약은 독일 경제를 마비시키고 국민들에게 깊은 굴욕감을 안겼다. 이러한 조건들은 독일 사회에 분노와 좌절을 퍼뜨렸고, 정치적 극단주의의 토대를 마련했다. 독일은 경제적, 정치적, 심지어 정신적으로도 완전히 무너졌다.

현재 한국도 계엄으로 인해 불안한 분위기가 감돈다. 밤마다 잠들기 어렵고, 거리에서는 사람들의 화가 느껴진다. 사회 전체가 분노와 불안으로 가득 차 있는 듯하다. 이것은 과거 독일의 상황을 연상시킨다. 당시 독일 국민들은 패배의 충격에 빠져 혼란스러웠고, 베르사유 조약에 대한 분노가 거리로 쏟아져 나왔다. 카페나 모임에서는 서로를 탓하는 목소리가 높아졌고, 실업과 빈곤 속에서 희망을 잃은 사람들이 늘어났다. 그들은 누군가를 탓하고 싶었지만, 해결책은 없었다. 결국 유대인과 공산주의자가 문제의 원인으로 지목되었다. 바이마르 공화국은 국민들의 신뢰를 얻지 못했고, 경제 위기를 해결하기는커녕 더 악화시켰다. 물가가 폭등하고 실업률이 치솟는 가운데, 국민들은 점점 더 절망 속으로 빠져들었다.

1919년부터 1922년까지는 실업률이 비교적 낮았지만, 1923년 하이퍼인플레이션과 루르 지역 점령으로 경제가 극도로 악화되면서 실업률이 급증했다. 1923년 말 실업률은 약 28%에 달했고 빵 한 덩어리의 가격이 2000억 마르크로 폭등하는 등 경제적 파탄이 심각했다. 1924년 렌텐마르크가 도입되어 물가가 안정되었지만, 이미 독일 사회는 큰 타격을 입은 뒤였다.

1929년 대공황은 독일 국민의 자존심에 또 한 번 상처를 냈다. 경제와 정치가 모두 무너진 가운데, 국민들은 희망을 잃고 방황했다. 이때 등장한 인물이 히틀러였다. 그는 절망에 빠진 군중들에게 강렬한 비전을 제시하며, 그들이 잃어버린 자부심을 회복시켜줄 것처럼 말했다. 1932년 뉘른베르크 집회에서 그는 "우리는 하나의 민족, 하나의 국가, 하나의 미래를 만들어갈 것"이라며 독일인들의 열망을 자극했다. 그의 연설은 논리보다 감정에 호소했고, 사람들은 자신들이 국가 재건의 주체라는 착각에 빠져들었다. 그는 실업과 빈곤을 해결하겠다고 약속했고, 사람들은 그를 믿고 싶어 했다.

히틀러는 처음부터 성공한 인물은 아니었다. 1923년 맥주홀 쿠데타는 단 하루 만에 실패로 끝났고, 그는 감옥에 갇혔다. 그러나 그는 감옥에서 자신의 이념을 정리해 "나의 투쟁"을 집필했다. 이 책에서 그는 독일의 부흥과 나치 이념을 구체화했고, 출소 후 선거를 통해 권력을 얻기로 결심했다. 이는 그의 전략적 전환이었고, 결국 1933년 독일 총리가 되었다.

히틀러의 권력 장악은 국회의사당 방화 사건을 계기로 가속화되었다. 이 사건을 공산주의자들의 소행으로 몰아가며, 그는 대통령령을 통해 시민권을 제한하고 반대파를 탄압했다. 이로써 나치는 권력을 강화했고, 1933년 총선에서 43.9%의 득표율을 기록하며 전권위임법을 통과시켰다. 이 법은 의회의 동의 없이 법률을 제정할 수 있는 권한을 부여했고, 사실상의 일당독재 체제를 확립했다. 민주주의는 형식만 남았고, 독재가 시작되었다.

나치당은 언론, 교육 등 모든 분야에 손을 뻗쳤다. 언론은 나치의 선전 도구로 전락했고, 교육은 나치 이념에 맞게 재편되었다. 젊은 세대는 비판적 사고를 할 기회를 잃었고, 개인의 권리와 자유는 점점 침해되었다. 사람들은 두려움에 침묵했고, 국가의 이념에 휘둘렸다.

히틀러는 법을 교묘히 이용해 독재를 합법화했고, 독일 국민들은 점차 이를 받아들였다. 이 모든 과정은 독일만의 문제가 아니었다. 전 세계가 이를 통해 독재의 시작이 작은 변화에서 비롯됨을 깨달았다.

　독일의 경험은 오늘날에도 중요한 교훈을 준다. 민주주의는 시민들의 참여와 의식에 달려 있다. 법치주의와 언론의 자유 같은 기본적 가치가 무너지면 민주주의는 흔들린다. 한국 사회도 현재의 혼란을 통해 과거 독일의 실수를 반복하지 않도록 경계해야 한다. 작은 신호들을 놓치지 않고, 냉정함과 객관성을 유지하는 것이 중요하다. 격변의 시기에는 극단적인 선택이 쉽게 일어날 수 있다. 히틀러 같은 인물이 다시 등장하지 않도록 경계해야 한다. 민주주의의 종말은 우리가 방심하는 순간 찾아올 수 있다.

2장 권력의 시작

낯설지 않은 법령

왠지 법령이 낯설지 않다. 아니, 오히려 너무 익숙해 소름이 돋는다. 1933년 독일의 라이히스타크 화재 칙령을 그대로 복사한 듯한 기시감이랄까. 히틀러의 "국민과 국가 보호법"을 처음 들었을 때, 많은 독일인들은 비슷한 감정을 느꼈을 것이다. "아, 이게 다 우리를 위한 거구나." 하지만 그게 얼마나 치명적인 착각이었는지는 역사가 뼈아프게 증명했다.

당시 독일은 바이마르 헌법의 주요 시민권 조항이 무기한 정지되었다. 언론, 집회, 개인의 자유는 모두 제한되었고, 정부는 정치적 반대파를 체포하고 조직을 해산할 권한을 얻었다. 중앙정부는 주정부까지 통제할 수 있게 되었고, 이 모든 것이 "국민을 보호한다"는 명목으로 이루어졌다. 그런데 2024년 대한민국의 계엄사 포고문을 보면, 데자뷔를 넘어선 현실감이 느껴지지 않는가?

포고문을 읽어보자. "정치활동 금지." "언론 통제." "집회 금지." 무엇이 다른가? 히틀러의 칙령과 이 포고문의 차이는 단지 문장의 순서와 날짜뿐이다. 특히 "가짜뉴스와 허위선동 금지"라는 조항은 매우 흥미롭다. 나치 독일에서도 비슷한 표현이 있었다. "국가와 국민의 적을 선동하는 자들은 법의 처벌을 받는다." 누가 가짜뉴스를 정하고, 누가 선동인지 판단할까? 이런 문제는 언제나 권력자의 입맛에 달려 있다. 결국 독일 국민들은 히틀러의 입맛에 따라 진실과 거짓을 구분당했다. 지금 대한민국에서도 비슷한 일이 벌어질 가능성을 배제할 수 없다.

의료계 파업에 대한 조항은 또 어떠한가? "48시간 내 복귀하지 않으면 처단한다"는 문구는 너무 직접적이다. '처단'이라는 단어는 법령에서 사용하기엔 그 존재의 무게감이 지나치다. 실제 역사 속 권위주의 체제에서도 처음엔 이런 표현을 삼갔다.

계엄과 같은 단어가 주는 무게감에 비해, 이번 포고문의 어조는 오히려 국민을 가볍게 여기는 것처럼 느껴진다. '불편을 최소화하겠다'는 문구 옆에 '영장 없는 체포'나 '처단'이 자연스럽게 놓일 수 있는가? 이 극단적 온도차 속에서 우리는 국민이 어떻게 인식되고 있는지 엿볼 수 있다.

히틀러의 독재는 갑자기 등장하지 않았다. 작은 법령과 작은 제한에서 시작되었다. 라이히스타크 화재 칙령은 그 시작점에 불과했다. 이 법령은 독일 국민들에게 "잠깐의 안정"을 약속했지만, 그 안정은 곧 독재로 변질되었다. 반대파는 사라지고, 언론은 침묵했으며, 독일 국민들은 점점 더 작은 목소리로 살아야 했다. 이 모든 과정은 너무나 자연스럽게 진행되었다. 마치 독재가 독일 사회의 일부였던 것처럼.

2024년 대한민국의 포고문을 보면, 과거 독일의 그 "잠깐의 안정"이 떠오른다. "가짜뉴스 금지"는 정보의 자유를 제한하고, "정치활동 금지"는 의견의 다양성을 말살한다. 이러한 변화는 독재로 가는 길의 첫 걸음처럼 보인다. 많은 사람들이 이것이 "필요한 조치"라고 믿겠지만, 그 믿음이 얼마나 위험한지는 역사가 반복해서 보여주었다.

독재의 가장 큰 무기는 일상에 스며드는 것이다. 처음에는 작은 제한으로 시작된다. "당신의 안전을 위해." "국가를 위해." 그러나 그런 작은 제한들이 쌓이다 보면, 어느 순간 개인의 자유는 흔적도 없이 사라진다. 대한민국의 포고문은 지금 그 첫 걸음을 뗀 것이 아닐까?

히틀러는 국민들의 자부심을 자극하며 그들을 하나로 묶었다. 그는 독일의 재건과 강한 국가를 약속했고, 이를 위해 "잠깐의 희생"

을 요구했다. 오늘날 대한민국의 계엄령도 비슷한 논리를 사용한다. "선량한 국민들은 불편을 최소화한다." 하지만 이 말의 반대편에는 "우리가 선량하다고 판단하지 않는 이들은 다르게 대우한다"는 암시가 숨겨져 있다.

역사는 반복된다. 1933년 독일 국민들도 "국민과 국가 보호법"이 자신들을 보호할 것이라고 믿었다. 그러나 그 법령이 가져온 것은 전쟁, 억압, 그리고 수백만의 희생이었다. 대한민국의 계엄사 포고문은 과연 다른 결과를 가져올까? 아니, 정말로 다를 거라고 믿을 수 있을까?

6개월

나라가 완전히 변하는 데는 단 6개월이면 충분하다. 독일의 역사는 이를 명확히 보여준다. 단 6개월 만에 민주주의가 독재로 추락하는 일이 벌어졌다. 히틀러라는 이름을 들으면 거대한 음모를 떠올릴 수 있지만, 그의 시작은 오히려 평범했다. 너무 평범해 오히려 놀랄 정도였다.

1933년 1월 30일, 힌덴부르크 대통령은 히틀러를 독일 총리로 임명했다. 이것은 복잡한 정치적 협상의 결과였다. 당시 나치당은 의회에서 가장 큰 정당이었지만 과반수를 차지하지 못했고, 보수주의자들과 산업계 지도자들은 히틀러를 총리로 앉히는 것이 정치적 안정과 경제 회복에 도움이 될 것이라고 판단했다. 특히 보수 정치인 프란츠 폰 파펜은 힌덴부르크에게 히틀러를 "얼굴마담"으로 활용할 수 있다고 설득했다. 힌덴부르크와 그의 측근들은 히틀러를 통제 가능한 인물로 여겼고, 나치당의 급진성을 억제할 수 있을 것이라 기대했다. 그러나 이 결정은 민주주의의 종말을 알리는 신호탄이 되었다. 히틀러는 이 기회를 틈타 자신만의 방식으로 모든 것을 바꿔나갔다. 그의 방식은 간단했다. 어떤 사건이 터지면, 그걸 최대한 이용하는 것이었다.

1933년 2월 27일, 국회의사당 방화 사건이 발생했다. 이 사건은 기막힌 타이밍에 터졌다. 히틀러는 이를 공산주의자들의 소행이라 주장하며 비상사태를 선포했다. 마치 기다렸다는 듯, 그는 개인의 자유를 제한하고 언론과 집회를 통제했다. 공산주의자들과 나치 반대파들은 하나둘 사라졌고, 독일 국민들은 "안전을 위해" 이를 묵인했다. "안전"이라는 단어만큼 강력한 설득력은 없기 때문이다.

히틀러는 이 상황을 발판 삼아 3월 23일, 수권법을 통과시켰다. 이 법은 히틀러 정부가 4년 동안 의회의 승인 없이 법령을 제정하고 시행할 수 있는 전권을 부여했다. 법안 통과 당시, 나치 친위대가 의사당을 에워싸고 있었고, 공산당 의원들은 이미 체포된 상태였다. 반대할 여지가 거의 없었다. 수권법은 겉으로는 민주적 절차를 따르는 것처럼 보였지만, 실제로는 의회의 기능을 무력화시켰다. 독일 의회는 스스로 목에 칼을 겨눈 꼴이 되었다. "나라를 위한 길"이라는 착각 속에서 말이다. 의회가 스스로를 무력화하는 모습은 아이러니하면서도 어딘가 비극적이다.

의회가 살아 있다는 것은 법을 통과시키는 기계로서 존재하는 것이 아니다. 의회는 국민의 목소리가 모이는 장소이며, 권력의 균형을 유지하는 핵심 기둥이다. 의회가 제 역할을 할 때, 독재는 발붙일 틈이 없다. 그러나 히틀러의 경우, 의회가 스스로 그 역할을 포기하면서 민주주의의 마지막 희망도 사라졌다. 의회가 살아 있다는 것은 존재의 문제가 아니라, 민주적 가치를 지키는 행동의 문제다.

이후 히틀러는 모든 정당을 불법화했다. 나치당 외의 정치 활동은 허용되지 않았다. 그는 돌격대(SA)의 존재조차 자신의 권력에 방해가 된다고 판단했다. 돌격대는 수십만 명의 조직원을 가진 강력한 준군사 조직이었지만, 히틀러와 군부의 불만을 샀다. 반면 SS(친위대)는 히틀러에게 절대 충성을 맹세했다. 1934년 6월 30일, 히틀러는 "피의 숙청"을 통해 돌격대 간부와 잠재적 반대 세력을 제거했다. 이로 인해 SS의 영향력은 더욱 강해졌고, 히틀러는 군부와의 관계도 공고히 했다.

1934년 8월 2일, 힌덴부르크 대통령이 사망하자 히틀러는 대통령직과 총리직을 합쳐 "총통 겸 제국 수상"이 되었다. 이 직함은 독일 내 모든 권력을 장악한 상징이었다. 총통으로서 히틀러는 법률 제정, 사법 판결, 군대 통솔까지 모든 권한을 쥐게 되었다.

히틀러의 권력 장악은 단순한 정치적 사건이 아니었다. 민주주의 시스템의 취약성을 적나라하게 보여준 사례였다. 그는 총리로 임명되었을 때 제한된 권한을 가지고 있었지만, 이를 활용해 점차 권력을 확장했다. 그의 전략은 치밀하고 계산적이었다. 그는 적들을 한번에 제거하기보다, 점진적으로 자신의 영향력을 넓혀갔다.

히틀러는 젊은 세대를 겨냥한 히틀러 유겐트(Hitlerjugend)를 통해 어린 시절부터 충성을 심어주려 했다. 이 조직은 히틀러를 절대적으로 숭배하도록 설계된 교육 체계였다. 이를 통해 그는 열광적인 지지를 얻었고, 정치 지도자를 넘어 국가의 상징적 존재로 자리 잡았다.

6개월. 그 기간만으로도 나라는 완전히 바뀔 수 있다. 독일의 역사는 이를 명확히 보여준다. 민주주의의 실패와 독재의 탄생 사이에는 단지 몇 개의 법령과 국민들의 침묵이 있을 뿐이다.

나의 투쟁

《나의 투쟁》(Mein Kampf)은 읽기 어려운 책이다. 문체나 내용 때문만이 아니라, 책을 읽으며 느끼는 불편함과 거부감, 그리고 그 무게 때문이다. 아돌프 히틀러가 쓴 이 책은 그의 계획서이자 정치적 선언문이며, 독일 국민과 세계를 향한 경고문이었다.

히틀러는 이 책을 1923년 뮌헨 폭동, 일명 '맥주홀 폭동' 이후에 썼다. 이 쿠데타는 바이에른 주정부를 전복하려는 시도였지만, 하루 만에 경찰에 의해 진압되었고, 히틀러는 체포되어 재판을 받았다. 재판에서 그는 자신을 독일 민족의 구원자로 포장하며 전국적인 주목을 받았다. 결국 5년형을 선고받았지만, 9개월 만에 석방되었다.

감옥에서 히틀러는 좌절보다는 새로운 결심을 다졌다. 그는 나치당의 미래를 구체화하고 자신의 세계관을 정리하는 데 몰두했다. 당시 독일은 베르사유 조약의 굴욕과 경제적 혼란, 공산주의의 위협으로 불안정한 상황이었다. 히틀러는 이러한 대중의 불안과 분노를 자신에게 유리하게 활용하기 위한 이념을 체계화했다. 그는 독일 민족의 재건을 위해 필요한 요소를 명확히 정의하며, 자신의 생각을 비서 루돌프 헤스에게 구술했다. 감옥 생활은 그가 정치적 선동가로 성장할 수 있는 기틀을 마련한 시기였다.

히틀러는 동료 수감자들과의 대화와 독서를 통해 자신의 사상을 더욱 확고히 다졌다. 그는 니체, 쇼펜하우어, 그리고 반유대주의적 문헌들을 참고하며 자신의 이념적 기반을 확장했다. 또한, 그는 유럽의 역사에서 독일 민족이 차지해야 할 위치를 재해석하며, 독일의 영광을 되찾는 데 필요한 "결단"과 "행동"을 강조했다. 이러한 과정을 거쳐 탄생한 책이 바로 《나의 투쟁》이었다.

책의 주요 내용은 노골적이다. 히틀러는 인종주의와 반유대주의를 노골적으로 드러냈다. 그는 아리아인을 "우월한 인종"으로 규정하며, 유대인을 독일의 모든 문제의 근원으로 삼았다. "이 모든 게 유대인 때문이다"는 메시지를 반복적으로 강조했다. 그의 말은 사람들에게 공포와 분노를 심어주며 자신의 이론을 설득력 있게 포장했다. 그는 "우리가 위대해지기 위해서는 먼저 이 문제를 해결해야 한다"며, 그 문제는 늘 유대인이라고 주장했다.

히틀러는 유대인에 대한 비난에 머무르지 않았다. 그는 독일의 민족주의를 극단으로 끌어올리며 국가주의를 강조했다. 그는 독일 민족이 생존을 위해 동유럽으로 영토를 확장해야 한다고 주장했다. 이른바 '생존공간(Lebensraum)' 이론이었다. 이 논리는 단순히 땅이 필요하다는 이야기가 아니라, 전쟁과 점령, 그리고 수많은 희생을 정당화하는 근거가 되었다. 독일 국민들에게 "우리의 미래는 동쪽에 있다"는 메시지를 심어주며, 그 팽창주의적 정책은 제2차 세계대전의 씨앗이 되었다.

당시 독일 국민들이 이 이론에 설득된 이유는 논리적 호소만이 아니었다. 1920년대와 30년대의 독일은 베르사유 조약으로 인해 엄청난 경제적 부담을 안고 있었고 실업과 빈곤, 그리고 사회적 불안을 가중시켰다. 독일 국민들은 자신들의 고통의 원인을 외부에서 찾으려 했고, 히틀러는 이를 교묘히 이용했다. 그는 "우리 민족은 더 많은 자원이 필요하다"며 생존공간 이론을 경제 회복과 연결시켰다. 농민들에게는 새로운 영토에서의 농업 확장이 자신들의 생계를 보장할 것이라는 희망을 심어주었다. 또한, 중산층과 노동자 계층에게는 새로운 영토가 경제적 안정과 일자리를 제공할 것이라는 메시지를 전달했다.

히틀러는 자신의 연설과 선전을 통해 독일 국민들에게 과거의 영광을 되찾기 위해 영토 확장이 필수적이라고 강조했다. "우리는 위대한 민족이고, 더 이상 굴욕을 견딜 수 없다"는 그의 호소는 독일인들의 자존심을 자극하며 생존공간 이론을 정책 제안이 아닌 민족적 목표로 자리 잡게 했다. 이것은 당시 대중의 불만과 열망을 충족시키며 히틀러의 이념을 정당화하는 강력한 도구가 되었다.

정치 이념도 빼놓을 수 없다. 히틀러는 이 책에서 나치즘의 핵심 요소를 구체화했다. 극단적 민족주의, 반공산주의, 전체주의적 국가관. 이 모든 것이 이 책에 담겨 있다. 특히 반공산주의는 그의 주요 전략 중 하나였다. 당시 독일은 공산주의의 확산에 대한 두려움이 컸다. 히틀러는 이를 이용해 자신을 "공산주의로부터 독일을 지켜낼 유일한 지도자"로 포장했다. 그가 얼마나 위험하고 교묘한 선동가였는지 이 책만 봐도 알 수 있다.

히틀러의 선전 전략은 책을 쓰는 것에서 끝나지 않았다. 그는 연설과 선전물을 통해 자신의 메시지를 대중에게 끊임없이 전달했다. "사람들이 생각하지 않는다는 것은 지도자에게 얼마나 다행스러운가" "대중의 이해력은 매우 부족하며 잊어버리는 능력은 매우 뛰어나다" 같은 말은 그의 사고방식을 보여준다. 그는 대중이 반복적인 메시지에 쉽게 설득된다는 점을 정확히 이해했고, 이를 선전에 적극 활용했다. "거짓말을 하려면 크게 하라. 그러면 사람들은 그것을 믿게 된다"는 그의 철학은 나치 선전의 근간이 되었다.

히틀러의 선전은 특히 시각적 요소를 효과적으로 활용했다. 나치의 상징인 하켄크로이츠는 단순하면서도 강렬한 디자인으로 독일 국민들에게 나치당의 이미지를 각인시키는 데 중요한 역할을 했다. 또한, 대규모 군사 퍼레이드와 뉘른베르크 집회와 같은 이벤트는 나치 독일의 단결과 질서를 시각적으로 보여주며 대중의 감정을 자극했다. '의지의 승리' 같은 선전 영화는 히틀러를 독일의 구원자로 이상화하며 그의 개인 숭배를 강화했다.

라디오 방송 역시 그의 선전 전략에서 중요한 도구였다. 당시 독일 가정에 보급된 저가형 라디오인 'Volksempfänger(국민 수신기)'를 통해 나치 선전은 독일 전역의 가정에 깊숙이 침투했다. 히틀러의 연설은 대중을 매료시키며 그의 메시지를 반복적으로 전달하는 데 효과적이었다. 대중의 일상생활 속으로 선전을 침투시켜 나치 이념을 체계적으로 확산시키는 결과를 낳았다.

《나의 투쟁》은 처음 출간되었을 때는 큰 주목을 받지 못했다. 1925년에 제1권이, 1926년에 제2권이 출간되었지만, 독일 국민들은 이 책에 큰 관심을 두지 않았다. 히틀러가 당시만 해도 정치적으로 큰 영향력을 갖지 못했던 이유도 있었다. 그러나 그가 권력을 잡은 이후 상황은 완전히 달라졌다. 이 책은 독일에서 필독서가 되었고, 히틀러의 권력 확립과 함께 1200만 부 이상이 판매되었다. 독일 국민들에게 그의 이념을 주입하는 도구가 된 것이다.

책의 영향은 독일 내부에만 그치지 않았다. 이 책은 나치즘을 독일 바깥으로 확산시키는 데도 중요한 역할을 했다. 미국에서는 1930년대 친나치 단체인 독일계 미국인 연합(Bund)이 《나의 투쟁》을 자신들의 활동 지침서로 활용했다. 이 단체는 나치 독일과의 연결 고리를 강화하며 미국 내 독일계 이민자들에게 나치즘을 전파하려고 했다. 또한, 영국에서는 오스왈드 모슬리가 이끄는 영국 파시스트 연합(BUF)이 이 책을 통해 자신들의 극우적 이념을 정당화했다.

독일 내부에서는 아리아인의 우월성을 강조하고 유대인을 희생양으로 삼는 정책들이 점점 더 구체화되었다. 이 책의 사상은 나치 정권의 반유대인 법안과 경제적 착취, 그리고 최종적으로는 유대인을 포함한 수많은 소수 민족을 대상으로 한 홀로코스트와 같은 끔찍한 비극으로 이어졌다. 히틀러의 사상이 국경을 넘어 퍼져나갔다는 점은 독일만의 문제가 아니었음을 보여준다. 《나의 투쟁》은 극우 이념이 국제적으로도 위험한 영향을 미쳤다는 것을 상기시키는 중요한 사례다.

히틀러는 《나의 투쟁》을 단순한 글로 그치지 않았다. 그의 주장은 나치 독일의 모든 정책과 계획의 중심에 자리 잡았다. 이 책에서 강조된 인종적 우월성과 생존공간 이론은 교육, 경제, 군사 전략에까지 침투했다. 학교에서는 아리아인 우월성을 강조하는 교육이 이뤄졌고, 경제 정책은 유대인과 다른 소수 민족의 재산을 몰수하여 독일 민족의 부를 증대시키는 방향으로 운영되었다. 군사적으로는 동유럽으로의 팽창과 정복을 계획하며 실제로 실행에 옮겼다.

전후 상황에서 이 책은 독일에서 금서로 지정되었다. 제2차 세계 대전 이후, 바이에른 주 정부가 저작권을 소유하며 재출간을 막아 왔다. 하지만 2016년 저작권이 만료되며 재출간이 가능해졌다. 이것은 독일 내에서 큰 논란을 불러일으켰다. "이 책이 재출간되어야 하는가?"라는 질문은 학술적, 윤리적 논의를 넘어 독일 국민들에게 과거와의 화해에 대한 중요한 문제를 제기했다.

재출간 논란은 여러 관점에서 다양한 반응을 이끌어냈다. 독일의 역사학자들은 재출간을 통해 히틀러의 사상과 나치즘의 위험성을 학문적으로 분석할 필요가 있다고 주장했다. 특히, 바이에른 주 정부와 뮌헨 현대사 연구소는 주석과 비판적 해설을 포함한 판본을 출간하며, 단순한 재출간이 아닌 교육과 경고의 도구로 삼고자 했다. 반면, 일부 시민 단체와 홀로코스트 생존자들은 이 책이 다시 출간됨으로써 극우 세력의 상징적 도구로 악용될 수 있다는 우려를 표했다.

사회적으로도 논의는 뜨거웠다. 일부 독일 국민들은 재출간이 표현의 자유를 존중하는 동시에 과거를 객관적으로 바라볼 기회를 제공한다고 보았다. 그러나 다른 한편에서는 과거의 비극을 떠올리게 하는 이 책이 트라우마를 유발할 수 있으며, 특히 젊은 세대에게 잘못된 메시지를 전달할 가능성을 경계했다. 이처럼 《나의 투쟁》의 재출간은 독일 사회가 과거와 마주하고 이를 현재와 미래로 연결하려는 복잡한 과정임을 보여준다. 히틀러가 남긴 이 책은 오늘날에도 여전히 경계와 성찰의 대상으로 남아 있다.

《나의 투쟁》은 히틀러가 어떻게 자신의 이념을 체계화하고, 그것을 통해 세계를 파괴하려 했는지 보여주는 기록물이다. 읽기 어렵고 불편하지만, 이 책은 20세기의 끔찍한 역사를 이해하는 데 있어 중요한 자료다. 하지만 동시에, 그것이 얼마나 위험한 선동의 도구가 될 수 있는지도 잊지 말아야 한다. 오늘날 이 책을 읽는 이유는 그것이 과거에 머물러 있지 않기 때문이다. 극단적 이념의 씨앗이 어떻게 싹트고, 세상을 어떻게 뒤흔드는지를 보여주는 생생한 사례이기 때문이다.

이 책이 주는 교훈은 간단하다. 이념은 무기가 될 수 있다. 잘못된 신념과 그 신념이 가진 파괴력은 수많은 사람의 삶을 송두리째 무너뜨릴 수 있다. 《나의 투쟁》은 이를 보여주는 가장 극단적인 사례다. 그러므로 우리는 이 책을 비난하거나 금지하는 데 그칠 것이 아니라, 그 안에 담긴 위험성을 철저히 분석하고, 이를 반복하지 않기 위한 노력을 지속해야 한다.

반유대주의

히틀러의 유대인 혐오는 개인적 편견을 넘어, 그의 삶의 경험, 정치적 야망, 그리고 시대적 상황이 복잡하게 얽힌 결과물이었다.

히틀러는 젊은 시절을 오스트리아 빈에서 보냈다. 당시 빈은 다민족 사회였지만, 기독교 문화가 지배적이었고 반유대주의가 공공연히 만연해 있었다. 신문 가판대에서는 반유대주의 선동물이 팔렸고, 정치인들은 공개적으로 유대인을 비난했다. 이런 환경 속에서 히틀러는 유대인을 독일의 문화와 경제적 안정을 위협하는 존재로 여기게 되었다. 특히, 미술가로서의 실패는 유대인 예술가들의 성공과 대비되며 그의 불만을 키웠다. 빈의 고급 카페에서 성공한 유대인 사업가들을 보며, 그는 자신의 좌절을 그들의 성공과 연결 지었다.

그러나 개인적 경험만으로는 설명이 부족하다. 히틀러는 유대인을 독일 사회의 모든 문제의 근원으로 지목하며 정치적 목적을 달성하려 했다. 그는 유대인을 경제적 어려움, 정치적 불안정, 그리고 제1차 세계대전 패배의 주범으로 몰아붙였다. 당시 독일 국민들은 전쟁 패배와 베르사유 조약의 굴욕으로 분노와 좌절에 빠져 있었다. 히틀러는 이 감정을 교묘히 이용해 유대인을 희생양으로 삼았다. 그의 연설에서 반복된 "유대인은 독일의 적이다"라는 주장은 대중의 감정을 자극하며 그의 정치적 기반을 강화했다. 그는 대중 집회, 신문, 라디오 등을 통해 이 메시지를 독일 사회 깊숙이 침투시켰다.

히틀러의 반유대주의는 그의 세계관의 핵심이었다. 그는 아리아인을 "우월한 인종"으로, 유대인을 "기생충"으로 묘사하며 인종적 순수성을 강조했다. 그는 유대인이 독일 경제를 조작하고, 문화를 파괴하며, 공산주의를 퍼뜨린다고 주장했다. 이러한 주장은 과학적 근거가 없는 편견이었지만, 당시의 사회적 분위기와 맞물려 설득력을 얻었다. 특히, 1930년대 대공황은 유대인에 대한 경제적 편견을 더욱 강화시켰다. 유대인들이 금융업과 상업에서 성공한 사례는 독일인들의 질투와 분노를 자극했다. 히틀러는 유대인 은행가들이 독일의 재산을 착취한다고 주장하며 자신이 이를 해결할 수 있다는 이미지를 구축했다.

히틀러는 반유대주의를 정치적 도구로 적극 활용했다. 그는 유대인을 배제함으로써 독일 사회의 결속을 강화하고, 나치당의 이념적 기반을 굳건히 했다. 나치 독일에서 유대인은 차별의 대상이 아니라, 제거의 대상으로 전락했다. 정치적 선동을 넘어 체계적인 정책으로 이어졌다. 뉘른베르크 법을 통해 유대인의 시민권을 박탈하고, 점차적으로 그들을 사회에서 배제하는 과정은 조직적으로 진행되었다. 이러한 법률은 독일 국민들에게 "법에 의해 정당화된 행동"이라는 인식을 심어주며, 혐오와 차별을 일상화했다. 이 모든 과정의 정점은 홀로코스트였다. 유대인을 포함한 수백만 명이 나치의 인종 청소 정책의 희생양이 되었다.

그렇다면, 왜 그렇게까지 극단적이었을까? 히틀러는 유대인을 '적'으로 보지 않았다. 그는 유대인을 독일 민족의 생존을 위협하는 존재로 인식했다. 그는 "독일이 번영하기 위해서는 유대인을 제거해야 한다"는 극단적 신념을 갖고 있었고, 이를 실행에 옮길 수 있는 정치적 권력을 쥐게 되었다. 히틀러는 자신의 신념을 이론이 아닌 실천으로 옮겼고, 이를 체계화하여 독일 국민들이 자신의 이념에 동조하도록 만들었다.

히틀러의 유대인 혐오는 개인적 경험, 정치적 목적, 인종주의적 세계관, 경제적 편견, 그리고 시대적 분위기가 복합적으로 작용한 결과였다. 그는 이를 대중의 감정과 결합시켜 정치적 이득을 취했으며, 나아가 이를 법적, 정책적으로 실행에 옮겼다. 그의 혐오가 불러온 것은 독일 내부의 문제가 아니었다. 나치즘은 유럽 전역으로 확산되었고, 그의 유대인 배제 정책은 점령국에서도 반복되었다. 이 비극적인 역사는 혐오가 체계적인 파괴로 이어질 수 있음을 보여주는 경고로 남아 있다.

히틀러의 사례는 과거의 이야기가 아니다. 혐오와 편견은 오늘날에도 다른 형태로 존재하며, 이를 무시하거나 방관할 때 얼마나 큰 피해를 가져올 수 있는지 보여준다. 이러한 역사를 배우고 성찰하는 것은 현대 사회에서도 중요한 교훈으로 남아 있다.

뉘른베르크 전당대회

히틀러와 나치당이 뉘른베르크에서 개최한 전당대회는 축제가 아닌 거대한 선전 쇼였다. 이 대회는 1927년부터 1938년까지 매년 열렸으며, 나치의 이념과 힘을 과시하는 중요한 행사로 자리 잡았다. 히틀러는 이를 통해 국민들에게 나치당의 강력함과 단결력을 보여주고자 했다.

뉘른베르크를 선택한 이유는 여러 가지였다. 첫째, 독일의 중심에 위치해 접근성이 좋았다. 둘째, 대규모 집회를 열기 적합한 루이트폴트하인 공원이 있었다. 이 공원은 행사에 필요한 시설을 갖추고 있었다. 또한, 뉘른베르크 지역의 나치당 조직이 강력했고, 지역 경찰도 나치당에 우호적이었다. 역사적으로 뉘른베르크는 신성 로마 제국의 중심지였기 때문에, 히틀러는 이를 통해 나치의 정당성을 역사적으로 연결시키려 했다.

전당대회의 주요 목적은 히틀러와 나치당의 이미지를 극대화하고, 국민들의 충성을 얻으며, 외국에 나치 독일의 강력함을 과시하는 것이었다. 이를 통해 나치 이념을 확산시키고 전쟁에 대한 국민적 지지를 얻으려 했다. 이 행사는 보통 8일 동안 진행되었으며, 매일 다양한 이벤트로 가득 차 있었다. 수십만 명의 나치당원과 지지자들이 참석했고, 히틀러의 연설은 항상 하이라이트였다. 그의 열변과 제스처, 웅장한 목소리는 청중들에게 강렬한 인상을 남겼다. 군사 퍼레이드도 중요한 부분이었는데, 질서 정연한 행진은 나치의 단결과 질서를 상징적으로 보여주었다. 깃발, 조명, 음악 등 모든 요소는 나치의 힘과 위엄을 강조하기 위해 설계되었다.

나치는 이 대회를 위해 대규모 건축물을 건설했다. 대표적인 예로 체펠린 연설장이 있는데, 그리스 신전을 모델로 한 이 건물은 상상을 초월하는 규모였다. 또한, 로마 콜로세움을 본뜬 의회홀이 있었지만 완공되지는 못했다. 이 건축물들은 전당대회의 위엄을 시각적으로 강조하기 위해 설계되었다. 전체 부지는 11 평방킬로미터에 달해 하나의 도시처럼 느껴졌을 정도였다.

뉘른베르크 전당대회는 나치 독일의 선전 도구로서 큰 영향을 미쳤다. 당시 사람들은 나치의 위용에 경외감을 느꼈지만, 오늘날에는 모두가 이 위용이 억압과 독재의 상징이라는 것을 알고 있다. 현재 이 장소는 역사적 교훈을 위해 보존되고 있으며, 나치 전당대회 기록 센터도 설립되었다. 이곳은 나치즘의 위험성을 경고하고, 과거의 잘못을 기억하는 중요한 증거로 남아 있다.

뉘른베르크 전당대회는 한 시대의 어두운 이면을 보여주는 상징이다. 그 화려함과 거대한 규모 뒤에는 억압과 독재의 그림자가 짙게 깔려 있었다. 이 행사가 남긴 유산은 우리가 기억해야 할 역사의 중요한 교훈이다. 오늘날 이 장소는 자유와 민주주의의 가치를 되새기게 하는 공간으로 자리 잡았다. 과거의 오류를 통해 미래를 더 나은 방향으로 이끌려는 의지가 이곳에 담겨 있다.

연설

히틀러의 연설은 나치 선전의 핵심이었다. 그는 말 잘하는 정치인을 넘어, 군중을 휘어잡고 충성을 이끌어내는 독특한 인물이었다. 그의 연설은 사람들의 심층 심리를 파고드는 도구로 기능했다. 그는 독일 국민들에게 구원자로 비춰지고자 했다.

히틀러는 연설에서 감정에 초점을 맞췄다. 그는 "독일은 다시 일어설 것이다!"라는 구호를 반복하며 청중의 자부심을 고취시켰다. 또한, 경제적 어려움과 국제적 모욕을 언급하며 분노와 불안을 자극했다. 이를 통해 그는 청중의 좌절감을 강력한 에너지로 전환했다. 그는 논리적 주장보다는 두려움, 자부심, 분노와 같은 감정을 자극하는 데 집중했다. "독일은 위대하다"라는 메시지를 반복하며 자신감을 불어넣었고, "우리의 적은 누구냐?"라는 질문을 통해 분노를 특정 집단으로 돌렸다. 독일 국민들에게 강한 공동체 의식을 심어주었다.

히틀러는 가상의 상황을 제시하며 청중의 상상력을 자극하기도 했다. "만약 우리가 지금 나서지 않는다면, 독일은 어떻게 될 것인가?"와 같은 질문으로 위기감을 조성했다. 그는 위기의식을 부각시키며, 나치당만이 문제를 해결할 수 있다는 희망을 제시했다. 이는 그의 연설을 심리적 조작의 도구로 만들었다.

히틀러는 "나"보다는 "우리"라는 표현을 사용해 자신과 청중을 독일이라는 공동체로 연결했다. 이는 강한 소속감을 제공하며, 모두가 같은 운명을 공유하고 희생해야 한다는 메시지를 강조했다. 그의 연설은 체계적이었다. 서론에서 주의를 끌고, 본론에서 논리를 전개하며, 결론에서 감정을 극대화해 연설이 끝난 후에도 강렬한 인상을 남겼다.

극적인 연출도 그의 연설에서 빼놓을 수 없는 요소였다. 서치라이트, 군악대의 웅장한 음악, 비행기를 타고 등장하는 등의 연출은 연설을 말이 아닌 시각적, 청각적 경험으로 만들었다. 이것은 철저히 계획된 것으로, 청중에게 강렬한 인상을 심어주었다.

히틀러의 목소리와 제스처도 중요한 역할을 했다. 1938년 뮌헨 연설에서 그는 초반에는 차분한 목소리로 국민의 어려움을 공감하며 청중의 이목을 끌었다. 이후 점차 목소리를 높이며 독일의 위대함을 외치고, 주먹을 흔들며 재건을 다짐하는 제스처로 군중의 감정을 극대화했다. 단순한 메시지 전달을 넘어 청중의 열정을 폭발시키는 데 성공했다.

히틀러의 연설은 독일 국민의 불안과 욕구를 정확히 파악해 그들을 하나로 묶는 데 성공했다. 그는 희망을 제시하는 데 그치지 않고, 자신이 그 희망의 구체화된 존재임을 강조했다. 그러나 이러한 연설이 초래한 결과는 참혹했다. 제2차 세계대전과 홀로코스트는 그의 연설이 얼마나 강력하면서도 위험한 도구였는지를 보여준다. 그의 연설 기술은 오늘날에도 선동 정치의 교과서적 사례로 남아 있다.

담화문

담화문에서 언급된 '종북세력'과 '반국가세력'은 단어 자체만으로도 위험하고 심각한 이미지를 연상시킨다. 그러나 이 용어들이 실제로 무엇을 의미하는지 깊이 들여다보면, 복잡한 정치적 맥락 속에서 반복되는 익숙한 패턴을 발견하게 된다.

'종북세력'이라는 표현은 매우 포괄적이다. 북한의 이념이나 정책을 지지하거나 대한민국의 정체성을 부정하는 이들을 가리키는 표현으로, 이들이 과거 남침 당시 북한군의 앞잡이 역할을 했으며, 현재에도 여전히 잠복해 있다는 말이다. 이 말을 들으면 마치 적의 스파이가 도처에 숨어 있는 듯한 느낌이 든다.

'반국가세력'이라는 단어는 그 자체로 딱딱하고 강렬한 인상을 준다. 간첩 활동, 국가 기밀 유출, 대한민국을 해치려는 모든 행위를 포함한다. 그는 이들을 "패악질을 일삼는 세력"으로 규정하며, 이들의 척결이 필수적이라고 강조한다. '척결'이라는 단어는 도끼로 나무를 베어내는 듯한 강렬한 이미지를 떠올리게 한다. 동시에 이 단어들은 어딘가 익숙한 역사의 반복을 느끼게 한다.

정치적 맥락에서 이 용어들은 강력한 도구로 사용된다. 특히 야당을 공격하거나 정부에 반대하는 목소리를 억누르는 데 활용된다는 비판도 있다. 그는 '반국가세력'이라는 표현을 통해 지지층을 결집시키고 자신의 입지를 강화한다. 정치인들에게 이 단어는 날카로운 칼과 같아서, 필요할 때 꺼내 휘두르면 반대 의견이 줄어드는 효과를 낸다. 그러나 그 칼질로 인한 상처는 결국 국민이 입게 된다.

2024년 12월 3일, 대통령은 비상계엄을 선포하며 '종북 반국가세력'에 대한 강력한 대응 의지를 표명했다. '계엄'이라는 단어는 그 무게감만으로도 모든 것을 고요하게 만든다. 그는 이 조치가 "국가의 지속 가능성을 보장하고 미래 세대에게 안전한 나라를 물려주기 위한 불가피한 선택"이라고 설명했다. '미래 세대'라는 말은 사람들로 하여금 긴장하게 만들지만, 그 번영이 누구를 위한 것인지는 항상 의문으로 남는다.

계엄령은 예사 행정 명령이 아니다. 일상이 멈추고, 사람들이 자유와 권리를 재고해야 하는 중대한 전환점이다. 과거 한국의 역사에서 계엄은 민주주의의 퇴보와 깊이 연결되어 있었다. 광주 민주화 운동 당시 계엄은 국민의 자유를 억압하고 폭력을 정당화하는 도구로 사용되었다. 따라서 이번 계엄 선포는 과거의 어두운 기억과도 맞닿아 있다.

'종북세력'과 '반국가세력'이라는 용어는 이러한 상황에서 더욱 강력한 상징으로 작용한다. 그러나 이 상징이 국민을 보호하는 역할을 할지, 아니면 정치적 도구로 전락할지는 여전히 불분명하다. 특정 단어가 반복적으로 사용되면서 사람들은 그 의미를 더 이상 질문하지 않게 된다. 이것이 가장 큰 위험이다. 단어의 반복은 사고의 정지를 가져오고, 결국 누군가는 그것을 당연시하게 된다.

그가 말하는 미래 세대에게 물려줄 안전한 나라는 과연 어떤 모습일까? 현재의 상황을 보면, 그 나라는 자유로운 비판이 허용되지 않는 사회일 가능성이 크다. 계엄은 극단적인 위기 상황에서 국민의 안전과 국가의 존속을 위해 만들어진 제도다. 그러나 그것이 어떻게 적용되고, 누구의 손에 의해 실행되느냐에 따라 보호의 도구가 될 수도, 억압의 무기가 될 수도 있다. 지금 우리가 목격한 계엄은 과연 어떤 성격을 띠고 있을까?

이 모든 단어와 발언, 정책들은 단순한 표현을 넘어선다. '종북세력'과 '반국가세력'은 북한이라는 외부 위협과 내부의 적이라는 프레임을 통해 정치적 목적을 달성하는 데 중요한 도구로 사용된다.

이 단어들이 실제로 대한민국의 안보를 강화할지, 아니면 정치적 연극의 도구로 전락할지는 아직 알 수 없다. 그러나 한 가지 분명한 것은, 이 단어들이 우리에게 두려움과 긴장을 조성한다면, 그것이 바로 그들의 의도일 가능성이 크다는 점이다.

우리는 과거의 경험에서 배우지 않으면 같은 실수를 반복할 수밖에 없다. 이 모든 것을 고려할 때, 우리는 질문해야 한다. 정말로 이용어들이 묘사하는 세력이 그렇게 실재적이고 광범위한가? 아니면 이것은 정치적 게임의 또 다른 수단인가? 이 질문에 대한 답은 우리가 이 단어들을 얼마나 비판적으로 바라보느냐에 달려 있다.

이 단어들이 강요하는 이미지를 그대로 받아들이기보다는, 그것이 만들어내는 맥락과 의도를 파악하는 것이 지금 우리에게 가장 중요한 과제다. 현 상황을 평가하는 데 그치지 않는다. 민주주의가 얼마나 섬세한 균형 위에 놓여 있는지를 깨닫는 과정이기도 하다. 우리는 이 단어들이 만들어내는 두려움과 분열의 본질을 이해하고, 책임 있는 시민으로서 우리의 역할을 되새겨야 한다. 결국, 이러한 언어의 사용은 특정 집단을 지목하는 것을 넘어 우리의 사회적 결속과 민주적 가치를 시험하는 도구가 된다. 이제는 단어에만 머무르지 말고, 그것이 초래하는 행동과 정책의 영향을 진지하게 성찰할 때다.

3장 전후의 상처

2차 대전 후의 독일

제2차 세계대전 이후 독일 사회는 극적인 변화와 도전에 직면했다. 전쟁의 여파로 인한 물리적, 심리적 피해와 함께 연합국의 점령 정책이 독일 사회 전반에 큰 영향을 미쳤다. 독일의 산업 기반시설은 크게 파괴되었고, 주요 도시들은 연합군의 폭격으로 폐허가 되었다. 독일 국민들, 특히 젊은 세대는 나치 정권의 몰락과 도시의 파괴로 인해 심각한 심리적 충격을 받았다. 독일은 미국, 영국, 프랑스, 소련에 의해 4개의 점령 지역으로 나뉘어 관리되었고, 베를린 역시 4개국에 의해 분할 점령되었다. 이는 후에 동서독 분단의 기초가 되었다.

연합국은 독일 사회에서 나치즘의 흔적을 제거하기 위해 비나치화(Denazification)를 추진했다. 법률 체계에서 나치의 영향을 제거하고, 나치 정권에 깊이 관여했던 법조인들을 제거하는 것을 포함했다. 또한, 비군사화(Demilitarization), 분권화(Decentralization), 민주화(Democratization)라는 4D 정책을 통해 독일 사회를 재건하고자 했다.

그러나 과거사 청산은 간단한 문제가 아니었다. 약 1100만 명의 독일계 난민과 추방자들이 동유럽에서 서독과 동독으로 이주해 오며 인구 구성과 문화에 큰 변화를 가져왔다. 경제적으로는 서독에서 '경제 기적'이라 불리는 급속한 경제 회복이 일어났지만, 많은 전직 나치 당원들이 점차 사회 각 분야로 복귀했다. 이것은 과거사 청산에 대한 독일 사회의 복잡한 태도를 보여준다. 그러나 그 복잡함 속에서도 추구했던 것은 과거를 잊거나 미화하는 것이 아닌, 진실을 찾아내고 책임을 다하려는 노력이었기에 독일이 오늘날 민주주의를 이룩할 수 있었다.

전쟁의 파괴적 결과와 연합국의 점령, 그리고 동서 분단이라는 복잡한 상황 속에서도 독일 사회는 재건과 변화를 이루어 냈다. 이 과정은 현대 독일 사회의 형성에 깊은 영향을 미쳤으며, 과거사 청산과 민주주의 정착의 기반이 되었다. 오늘날 이러한 경험은 법과 제도의 중요성을 되새기게 하며, 국가적 위기 상황에서 개인과 사회가 어떻게 상호작용하는지를 깊이 고민하게 한다. 그리고 우리에게 묻는다. 우리는 지금의 위기를 어떻게 마주하고, 이를 미래로 연결할 것인가?

전쟁 트라우마

2차 세계대전 이후 독일인들의 심리는 복잡하고 다층적이었다. 전쟁의 종식이 모든 것을 끝내지 못했고, 그 여파는 독일 사회 전반에 깊이 스며들었다. 국민들의 정신 건강과 사회적 태도에 지대한 영향을 미쳤다. 전쟁으로 가족을 잃은 이들은 고독과 상실감에 시달렸고, 도시와 마을이 파괴되어 생계가 어려워진 이들은 재건과 생존의 압박 속에서 고군분투했으며, 그들은 재건의 꿈을 꾸면서도 전쟁의 흔적을 매순간 느끼며 살아갔다.

정신 건강 측면에서도 전쟁 직후 독일인들은 극심한 고통을 겪었다. 오늘날의 '집단 번아웃'과 유사한 상태로, 업무 과다로 인한 피로와는 달리 생존을 위한 투쟁과 공동체 붕괴로 인한 심리적 불안정이 원인이었다. 미래에 대한 불안과 상실감, 재건의 압박은 육체적, 정신적 피로를 가중시켰다.

정치적 측면에서 전후 독일은 큰 변화를 겪었다. 안정과 사회적 보호를 원하는 국민들의 요구가 커졌고, 특히 인구가 많은 지역에서는 사회민주당(SPD)에 대한 지지가 높아졌다. 정부의 적극적인 개입을 요구하는 움직임이었다. 주택 재건 지원, 실업 문제 해결, 공공 의료 및 교육 시스템 확립 등은 전쟁의 잔재를 정리하고 안정된 삶을 되찾기 위한 필수적인 정책이었다. 이러한 변화는 이후 독일 복지 국가 시스템의 기초가 되었다.

망명권에 대한 독일의 태도는 혁신적이었다. 1949년 서독 기본법은 정치적 박해를 받는 이들에게 망명권을 부여했는데, 나치 시대의 반성의 결과였다. 난민 수용 과정에서 경제적 부담과 사회적 갈등이 발생했음에도 독일은 인권의 가치를 지키기 위해 노력했다. 1950년대에는 난민을 위한 재정적 지원 프로그램을 마련해 주거와 교육 기회를 제공하며 국제사회에서 인권 선도국으로 자리잡았다.

화해 정책 또한 독일의 중요한 변화 중 하나다. 프랑스, 이스라엘, 폴란드, 체코 등 과거 적국들과의 우호 관계를 위해 독일은 적극적으로 노력했다. 외교적 행보를 넘어 독일인들에게 과거를 직면하게 하는 고통스러운 과정이었다. 독일-프랑스 공동 역사 교과서 발간이나 유대인 박물관 건립 등은 이러한 화해 노력을 상징적으로 보여준다.

　전후 독일인들의 심리는 전쟁 트라우마, 정치적 재편, 인권에 대한 새로운 인식, 국제적 화해 등이 복합적으로 작용한 결과였다. 이러한 요소들은 현대 독일 사회의 기초를 형성했으며, 복지국가 체제, 환경 정책, 교육 개혁 등을 통해 사회적 안정망을 강화했다. 독일의 이러한 변화는 오늘날 우리에게도 큰 교훈을 준다. 노력이 뒷받침된 성찰이란 거대한 아픔도 이겨내게 한다는 교훈을.

계엄 이후의 한국

계엄과 전쟁을 동일시할 수는 없지만, 계엄이 전쟁의 촉매제가 될 수 있다는 사실은 누구나 인지하고 있다. 화약고가 아직 터지지 않았다고 안심해서는 안 된다. 도화선에 불이 붙을 뻔한 상황만으로도 엄청난 위험이 도사리고 있기 때문이다. 그 화약고는 한 나라를 집어삼킬 만한 위력을 지니고 있었다.

비상계엄 선포와 해제 이후, 한국 사회는 깊은 충격과 혼란에 빠졌다. 사람들은 입을 모아 "이게 나라냐"라고 탄식했다. 진심에서 우러나온 절규였다. 뉴스 속보가 쏟아지고, SNS에는 관련 해시태그가 끊임없이 올라왔다. 가정마다 TV와 라디오에서 계엄 소식이 흘러나왔고, 거리에서는 계엄령 관련 호외가 돌았다. 공포, 분노, 피로가 사람들을 짓누르고 있었다.

정치적 파장은 엄청났다. 야당은 당연히 반발했다. "탄핵이다!"라는 외침이 국회를 가득 메웠다. 누가 봐도 명백한 위기 상황이었다. 정치권에서는 "이제 어떻게 해야 하나?"라는 질문이 오갔다. 정치 평론가들은 이 사태를 분석하며 날을 새웠고, 각종 토론회에서는 전문가들이 열띤 논쟁을 벌였다. 국민들은 그 모습을 지켜보며 분노와 실망, 좌절을 느꼈다.

문제는 해결까지의 길이 멀고 험하다는 점이다. 정치, 경제, 국민 모두가 무너져 내렸다. 정치적 혼란은 경제적 타격으로 이어졌고, 기업들은 투자를 연기하며 주식시장은 계속해서 하락세를 기록했다. 소상공인들은 연말 특수와 송년회 취소로 큰 타격을 입었다. 내수 부진과 수출 둔화로 이미 어려운 상황에서 탄핵 정국은 국민을 벼랑 끝으로 몰아넣었다. 소매판매는 10분기 연속 하락하며 내수가 더욱 위축되었고, 특히 소상공인과 자영업자 등 취약계층은 생존의 기로에 서 있었다. 국민들은 한숨을 내쉬며 "과연 나아질 수 있을까?"라는 질문을 던질 수밖에 없었다.

민주주의와 법치주의는 심각한 도전에 직면했다. 헌법 위배 논란이 수면 위로 떠올랐고, 대통령의 권력 남용에 대한 경계심이 높아졌다. "이게 어디까지 허용될 수 있는가?"라는 질문이 곳곳에서 터져 나왔다. 견제와 균형이라는 단어가 다시금 화두에 올랐다. 헌법학자들은 TV에 출연해 비판을 쏟아냈고, 고등학생들조차 사회 교과서에서 계엄을 찾아보며 토론을 벌이는 진풍경이 펼쳐졌다.

사회는 분열될 것처럼 보였지만, 탄핵이라는 목표 아래 모든 세대가 하나로 뭉쳤다. 계엄령이 가져온 충격은 예상치 못하게 국민을 결속시켰다. 정치적 양극화와 이념적 대립은 여전했지만, "탄핵만이 답이다"라는 공감대가 형성되며 세대와 계층을 넘어 연대가 이루어졌다. 가족 모임에서도 탄핵 이야기가 오갔고, 친구들 사이에서도 공감과 지지가 넘쳤다. "이럴 때일수록 뭉쳐야 한다"는 말이 오갔다. 불행 중 다행이라면, 탄핵이라는 단어가 분열 대신 통합의 중심이 되고 있었다.

이제 한국 사회는 중대한 기로에 서 있다. 탄핵 여부, 대선 시기 등 수많은 문제가 쌓여 있다. 민주주의 제도와 정치 시스템을 어떻게 개선할지 모두가 고민에 빠졌다. "이번 기회에 근본적인 변화를 모색하자"는 목소리도 높아졌다. 신문과 방송에서는 전문가들이 개혁의 필요성을 강조하는 인터뷰를 연일 실었다. 그러나 이러한 논의가 실제 변화로 이어질 수 있을지는 불확실했다. "국민이 원하는 방향으로 나아갈 수 있을까?"라는 회의적인 질문도 뒤따랐다.

이 와중에 사람들은 서로의 이야기를 나누며 "민주주의란 무엇인가?"라는 근본적인 질문을 던졌다. 계엄 이후의 한국 사회는 결코 예전과 같지 않을 것이다. 아마도 이 혼란 속에서 새로운 희망을 찾

아낼지도 모른다. 아니면, 다음 대선을 기다리며 하루하루를 버텨낼
지도. 한국은 다시 역사의 갈림길에 서 있다. 역사가 반복되지 않기
를 바라는 간절한 마음과 함께.

4장 과거청산의 길

독일의 반성

2차 세계대전 이후 독일의 반성 과정은 매우 흥미롭고 배울 점이 많다. 배울 점이라 하면 반성의 의미가 아니라, 우리가 보완해야 할 부분을 살펴 약점을 강점으로 전환하자는 뜻이다.

전쟁이 끝났다고 해도 모든 것이 완벽하게 마무리된 것은 아니었다. 독일과 그 국민들은 과거와의 싸움을 시작해야 했다. 전쟁의 상처와 죄책감 속에서 새로운 국가로 거듭나기 위해 얼마나 많은 노력이 필요했는지 상상하기조차 어렵다.

전쟁 직후 독일은 '침묵의 시대'를 맞이했다. 많은 독일인들이 책임을 인정하기보다는 나치에게 모든 죄를 전가하며 "우리도 피해자다"라는 논리를 펼쳤다. 그러나 이 침묵은 문제를 해결하지 못했고,

오히려 시간이 지나며 더 큰 부담으로 다가왔다. 결국 독일인들은 침묵을 깨고 과거와 마주해야 했다.

1960년대에 들어 독일은 본격적인 반성의 길로 들어섰다. 1963년부터 1965년까지 진행된 프랑크푸르트 아우슈비츠 재판은 독일 사회가 과거를 직시하는 계기가 되었다. 이 재판을 통해 독일인들은 나치의 범죄를 인정하고 사과하기 시작했다. 또한, 홀로코스트 기념관과 박물관을 건립하고, 학교 교육과정에 나치 역사를 포함시키는 등 과거를 기억하고 교훈으로 삼기 위한 노력을 기울였다. 나치 상징물 사용을 금지하는 등 나치의 재발을 방지하기 위한 조치도 취했다.

독일의 진정성 있는 사죄는 여러 상징적인 순간을 만들어냈다. 1970년 빌리 브란트 서독 총리의 바르샤바 유대인 위령탑 앞 무릎 꿇은 사과는 전 세계에 깊은 인상을 남겼다. 정치적 제스처를 넘어 화해의 상징이 되었고, 폴란드와 독일의 관계 회복에 큰 기여를 했다. 2019년에는 프랑크 발터 슈타인마이어 대통령이 폴란드 비엘룬에서 나치 만행을 다시 한 번 사과하며 독일의 지속적인 반성을 보여주었다.

배상과 화해 노력도 괄목할 만했다. 독일은 홀로코스트 생존자들과 강제노동자들에게 수십억 달러의 배상금을 지급했으며, 최근에도 생존자들에게 추가 지원금을 제공하는 정책을 시행했다. 이스라엘과의 수교를 통해 과거를 바로잡으려는 노력도 이어갔다. 유럽 통합에 적극 참여하며 이웃 국가들과의 화해를 도모한 것도 중요한 성과다. 특히 독일-프랑스 공동 역사 교과서는 두 나라의 학생들이 같은 역사적 관점을 공유하도록 돕는 상징적인 사례로 평가받는다.

물론 비판도 있었다. 초기 비나치화 과정이 불충분했고, 많은 나치 당원들이 공직에 복귀했다는 지적이 있다. 동독과 서독의 과거 청산 방식도 달랐으며, 최근 극우 세력의 부상은 독일의 과거 청산 노력을 위협하고 있다. 그러나 독일이 여전히 과거를 기억하고 반성하기 위해 노력하고 있다는 것 또한 사실이다. 독일의 반성 과정은 완벽하지 않았지만, 그들의 노력과 행동은 국가적 차원의 반성과 화해의 중요한 사례로 평가받을 만하다. 이 과정에서 얻은 교훈은 다른 국가들의 과거 청산에도 의미 있는 선례가 될 것이다.

우리도 독일의 사례에서 배울 점이 많다. 과거를 덮어두기보다는 직면하고, 인정하며, 행동으로 보여주는 것이 진정한 강국의 길일 수 있다. 과거의 잘못을 부끄러워하지 않고, 이를 통해 새로운 시작을 할 수 있다는 믿음이 독일을 다시 일으킨 원동력이었다. 또 잘못을 반성하는 것에 한하지 않고, 책임을 물어야 할 인물들에게 책임을 마땅히 묻는 것에까지 재고와 성찰을 확장할 수 있다면. 우리도 이러한 원동력을 찾는다면, 어떤 위기도 극복할 수 있을 것이다.

난 단지 명령을 따랐을 뿐이다

1961년 아돌프 아이히만 재판은 전 세계에 큰 충격을 주었다. 당시 사람들은 아이히만의 정체와 그가 저지른 끔찍한 범죄에 대해 잘 알지 못했지만, 재판을 통해 그의 실체가 드러났다. 그는 나치 독일의 홀로코스트에서 핵심적인 역할을 한 인물로, 유대인 대학살을 조직하고 실행한 주범 중 하나였다. 그의 이름은 이제 홀로코스트라는 비극의 상징이 되었다.

1960년 5월, 이스라엘 정보기관 모사드는 아이히만을 아르헨티나에서 체포했다. 이 작전은 영화 속 첩보 활동을 연상시키며 전 세계의 관심을 끌었다. 아이히만은 가명을 사용하며 평범한 삶을 살고 있었지만, 모사드는 그의 정체를 밝혀내고 그를 이스라엘로 데려

오는 데 성공했다. 치밀한 계획과 실행이 필요했던 드라마틱한 사건이었다. 모사드 요원들은 그를 체포한 후 신속히 공항으로 이동시켰고, 변장을 통해 항공기에 탑승시켜 이스라엘로 압송했다. 당시 항공편은 제한적이었고, 그의 신분이 발각될 위험도 컸지만, 모사드는 작전을 성공적으로 마무리했다. 1961년 4월, 예루살렘에서 그의 재판이 시작되었고, 이 재판은 홀로코스트의 비극을 국제 사회에 각인시키는 중요한 계기가 되었다.

재판은 TV로 생중계되었고, 전 세계 사람들은 방탄유리 뒤에 갇힌 아이히만을 지켜보았다. 그는 법정에서 "단지 명령을 따랐을 뿐"이라며 자신을 변명했지만, 검찰은 그를 유대인 학살을 조직하고 실행한 핵심 인물로 지목했다. 이를 입증하기 위해 검찰은 방대한 문서 증거를 제출했는데, 그중 1942년 1월 20일 반제 회의의 의사록은 나치가 유럽 유대인 1,100만 명을 학살하기로 계획한 내용을 담고 있어 그의 책임을 명확히 했다. 이 문서가 공개되던 순간, 법정은 숨소리조차 들리지 않을 만큼 고요해졌다.

재판 과정에서 가장 강렬한 순간은 110명의 생존자가 증언대에 섰을 때였다. 그들은 자신이 겪은 끔찍한 경험을 생생히 증언하며 법정을 충격에 빠뜨렸다. 한 생존자는 가족을 잃은 과정을 이야기하며 울음을 터뜨렸고, 그 장면은 법정에 있던 모든 이들에게 깊은 인상을 남겼다. 이 증언들은 나치 범죄의 잔혹성을 증명하는 강력한 증거가 되었고, 전 세계는 홀로코스트의 비극을 새롭게 인식하게 되었다.

아이히만은 재판 내내 자신이 단순히 명령을 따랐을 뿐이라고 주장했지만, 그의 책임은 명백했다. 그는 유대인들을 게토(ghetto. 소수 인종이나 소수 민족, 또는 소수 종교집단이 거주하는 도시 안의 한 구역)와 강제 수용소로 이송하는 일을 조직적으로 수행했고, 그 결과 수백만 명이 죽음을 맞이했다. 1961년 12월, 그는 사형 선고를 받았고, 이스라엘은 1962년 5월 그를 교수형에 처했다. 이스라엘 역사상 유일한 사법적 처형 사례로 기록되었다.

이 재판은 한 개인의 죄를 묻는 데 그치지 않았다. 홀로코스트에 대한 국제적 인식을 새롭게 하고, 나치 범죄의 잔혹성을 법적으로 기록하는 계기가 되었다. 특히 보편적 관할권이라는 개념이 이 재판을 통해 강화되었는데, 범죄가 특정 국가를 넘어 인류 전체를 위협할 경우 다른 국가에서도 이를 재판할 수 있다는 원칙이다. 현대 국제법 체계에 큰 영향을 미쳤다.

또한, 이 재판은 홀로코스트 생존자들의 목소리를 국제적으로 알리는 데 기여했다. 그들의 증언은 역사를 배우고 기억하는 데 중요한 자료로 남았다. 아이히만의 "단지 명령을 따랐을 뿐"이라는 주장은 이제 비겁함과 무책임의 상징이 되었다. 이것은 개인적 도덕적 책임을 회피하면서 조직의 명령을 무조건적으로 따르는 것이 얼마나 위험한지를 보여주는 사례였다. 재판은 과거를 단죄하는 동시에, 미래 세대에게 같은 비극이 반복되지 않도록 경고하는 역할을 했다. 이 재판은 인류의 양심에 깊이 새겨진 경고였다.

홀로코스트를 저지른 이유

독일이 홀로코스트를 저지른 이유는 한두 가지로 설명할 수 없다. 복잡하고 다층적인 요인들이 얽혀 있는, 말 그대로 엉망진창이었다. 사람들은 큰 사건이 발생할 때마다 그 원인을 찾으려 애쓴다. 그러나 홀로코스트는 단순한 이유로 설명할 수 없는 사건이다. 그럼에도 나치가 저지른 끔찍한 만행을 이해하기 위해선 여러 요인들을 하나씩 살펴볼 필요가 있다.

이데올로기적 요인이 있었다. 나치는 유대인을 극도로 혐오했다. 히틀러는 그의 저서 《나의 투쟁》에서 이를 명확히 밝혔다. 그는 유대인을 독일 사회에서 완전히 제거하겠다고 선언했다. 더욱 끔찍한 점은 이 혐오가 단순한 증오를 넘어선다는 것이다. 나치는 아리아인이 최고의 인종이라고 주장하며 유대인을 열등한 존재로 규정했다. 주장에 그치지 않고, 우생학이라는 왜곡된 과학과 결합했다. 유전적으로 열등하다고 간주된 집단은 제거해도 된다는 논리였다. 당시에는 이러한 사상이 그럴듯하게 받아들여졌다.

나치는 유대인뿐만 아니라 슬라브인, 로마인, 동성애자, 장애인 등 다양한 소수집단도 말살 대상으로 삼았다. 유대인 문제에 국한된 것이 아니었다. 나치의 이데올로기는 '완벽한 사회'를 만들겠다는 명목 아래 모든 소수집단을 배제하거나 말살하려는 것이었다. 이를 '사회정화'라는 명분으로 포장했다.

혐오가 어떻게 무서운 과정을 거쳐 참혹한 비극으로 이어지는지 잘 보여주는 사례다. 나치 정권의 선동은 언어적 차원을 넘어 체계적이고 전략적인 캠페인이었다. 유대인에 대한 부정적인 선전은 학교 교과서, 신문, 라디오 등을 통해 대중에게 지속적으로 전달되었다. 이로 인해 사람들은 무의식적으로 증오를 내면화했고, 혐오가 사회적 규범처럼 자리 잡았다. 이러한 분위기 속에서 개인의 도덕적 판단은 점차 마비되었고, 공동체는 혐오를 합리화하기 시작했다. 사람들이 적극적이거나 소극적으로 이 구조에 가담했기 때문에 가능했다. 나치의 혐오는 사회 전반에 퍼져 나갔고, 결국 수백만 명의 생명을 앗아가는 학살로 이어졌다.

역사적 배경 또한 중요한 요인이다. 유럽에는 중세부터 유대인에 대한 박해와 차별이 존재했다. 중세 시대의 유대인 강제 격리와 직업 제한, 종교적 편견은 나치 정책의 토대가 되었다. 여기에 1차 세계 대전의 패배와 1929년 대공황이 겹치며 유대인은 희생양이 되었다. 누군가를 탓해야 했고, 불행히도 유대인이 그 대상이 되었다. 경제적 혼란 속에서 사람들은 쉬운 해결책을 원했고, 나치는 이를 교묘히 이용했다. 유대인을 모든 문제의 근원으로 몰아가는 선동은 대중의 분노를 조직적으로 이끌어냈다.

정치적 요인도 크게 작용했다. 나치의 전체주의 체제는 소수집단을 탄압하기에 완벽했다. 그들의 '민족공동체' 개념은 유대인을 배제하고 차별하는 데 활용되었다. 사회적 편견이 아니라 국가적 정책이었다. 1935년 뉘른베르크 법은 유대인의 권리를 박탈하고 차별을 제도화했다. 이 법은 유대인을 차별하는 데 그치지 않고, 사회에서 완전히 배제하려는 명백한 목표를 가지고 있었다. 유대인들은 공공 시설 이용조차 불가능했고, 점차 독일 사회에서 고립되었다.

개인의 방관이라는 요인도 간과할 수 없다. 당시 많은 독일인들은 유대인 탄압에 무관심하거나 순응했다. 모두가 나치 당원은 아니었지만, 대부분은 침묵했다. "이건 내 일이 아니다"라는 태도는 결국 홀로코스트를 가능하게 했다. 학자들은 관료제와 기술의 발전이 대규모 학살을 가능하게 했다고 지적한다. 서류 한 장으로 사람의 운명을 결정지을 수 있는 시대였기에, 이 끔찍한 일이 가능했던 것이다. 가스실과 철도망 같은 기술적 발전은 학살을 효율적으로 실행하는 도구가 되었다. 기술이 도덕적 판단 없이 사용될 때 어떤 결과를 낳는지 보여주는 사례였다.

또한, 대중의 무관심은 독일만의 문제가 아니었다. 국제 사회 역시 유대인 박해에 대해 적극적으로 대처하지 못했다. 미국과 유럽의 주요 국가들은 유대인 난민을 받아들이는 데 소극적이었고, 나치의 계획을 방관했다. 이들은 정치적 이익과 경제적 부담을 이유로 행동하지 않았다. 국제 사회의 침묵은 나치에게 더 큰 자신감을 심어주었다.

홀로코스트는 어떤 한 가지 이유로 설명할 수 없다. 역사적, 사회적, 정치적, 심리적 요인들이 복합적으로 작용했다. 모든 요인이 결합되어 만들어진 참극이다. 우리가 이 사건에서 교훈을 얻지 못한다면, 역사는 언제든 반복될 수 있다. "이런 일이 다시는 일어나지 않으려면 우리는 무엇을 해야 하는가?"라는 질문은 여전히 유효하다. 이 질문에 대한 답은 쉽지 않다. 하지만 우리는 대화와 교육, 그리고 과거의 진실을 직시하는 데서 그 답을 찾아야 한다. 미래를 바꿀 수 있는 힘은 결국 우리가 과거를 어떻게 대하느냐에 달려 있다.

1968년 독일 학생운동

1968년 독일 학생운동은 격동의 시기로, 젊은 세대가 서독의 권위주의와 보수적인 사회 분위기에 맞서 변화를 요구했다. 이 운동은 단순한 열정에서 비롯된 것이 아니라, 독일 사회에 깊은 균열을 일으키며 새로운 방향을 제시했다.

당시 서독 사회는 나치 과거에 대한 침묵으로 가득 차 있었다. 전후 세대는 부모 세대에게 나치 시대의 책임을 묻기 시작했다. 불편했지만 피할 수 없는 것이었다. 학생운동은 이러한 불만에서 시작되었는데, 나치 과거에 대한 청산이 미흡했고, 권위주의적 사회 구조와 대학 시스템의 문제가 심각했기 때문이다. 학생들은 교육의 질이 낮고 자신들의 의견이 무시당한다고 느꼈다.

운동은 점점 확대되었다. 1967년 6월 2일, 이란 국왕의 방문을 반대하는 시위 중 경찰이 발포해 대학생 베노 오네조르크가 사망한 사건이 도화선이 되었다. 이후 1968년 4월 11일, 학생운동의 상징적 인물인 루디 두치케가 저격당했으나 생존했고, 이 사건은 더 큰 파장을 일으켰다. 독일 전역에서 연대 시위가 벌어졌고, 슈프링어 언론사에 대한 항의도 이어졌다. 사람들은 언론이 권력에 종속되어 있다고 느꼈다.

이 운동은 대학 개혁을 요구하는 데 그치지 않았다. 학생들은 나치 과거에 대한 부모 세대의 책임을 묻고, 민주주의 심화를 주장했다. 또한 베트남 전쟁 반대와 반제국주의 연대를 강조하며 국제적 문제에도 목소리를 냈다.

1968년 학생운동은 현대 독일의 정체성 형성에 중요한 역할을 했다. 그 이유는 다음과 같다.

-나치 과거와의 직면이다. 이 운동은 독일 사회가 나치 시대의 범죄와 홀로코스트를 직시하고 성찰할 수 있는 계기를 마련했다. 학생들은 부모 세대의 침묵과 은폐에 반발하며, 나치 과거에 대한 공개적 논의를 촉발시켰다. 이로 인해 독일 사회의 과거사 대처 태도가 변화했다.

-권위주의 타파와 민주주의 심화다. 학생들은 권위주의적이고 보수적인 사회 분위기에 맞서 민주주의의 심화를 요구했다. 이를 통해

독일 사회는 권위적 문화에서 벗어나 시민 중심의 민주주의로 나아가는 데 기여했다.

－새로운 기억 문화 형성이다. '68세대'는 이후 자기비판적 기억 문화를 구축했다. 국가의 영웅적 행위가 아닌 가장 끔찍한 범죄를 드러내는 역사적 접근 방식으로, 독일의 과거사 청산에 중요한 전환점이 되었다.

－사회 변혁의 동력이었다. 학생운동은 교육 개혁, 정치 문화 변화, 시민사회 성장 등 독일 사회의 근본적 변화를 이끌었다. 환경운동과 같은 새로운 사회운동의 토대를 마련했다.

운동의 결과는 모든 목표를 달성한 것은 아니었지만, 독일 사회에 큰 영향을 미쳤다. 첫째, 나치 과거사에 대한 성찰이 본격적으로 시작되었다. 둘째, 대학의 민주화가 진전되어 학생들이 의사결정 과정에 참여할 수 있게 되었다. 셋째, 정치 문화가 변화하며 시민사회가 성장하고, 새로운 사회운동의 기반이 마련되었다.

이 운동은 시위 그 이상이었다. 독일 사회가 변화를 받아들이고 민주주의를 심화시키는 계기가 되었으며, 현대 독일의 정체성 형성에 중요한 역할을 했다. 당시 젊은이들의 외침은 지금도 독일 사회에 깊은 영향을 미치고 있다. 그들은 단순히 과거를 묻지 않았다. 그들은 미래를 꿈꿨고, 그 꿈은 지금도 이어지고 있다.

1985년 선언

리하르트 폰 바이츠제커. 이 이름을 처음 접하는 이들에게 그는 독일의 대통령으로만 여겨질 수 있다. 그러나 그의 행적을 조금만 들여다보면 그 평가는 달라진다. 1984년부터 1994년까지 독일 연방 대통령으로 재임하며 그는 역사에 남을 업적을 이루었다. 그의 재임 기간은 독일 통일이라는 중대한 사건과 맞물려 있었다. 동서독 간의 물리적 장벽이 무너졌을 때, 그는 서로 다른 경제 체제와 가치관을 하나로 통합해야 하는 중차대한 임무를 수행했다. 그의 역할 없이는 통일 독일의 현재 모습도 달라졌을 것이다.

1985년 5월 8일, 그는 독일 역사에 길이 남을 연설을 했다. 제2차 세계대전 패전 40주년을 맞아, 많은 이들이 패배의 날로 기억하던

이 날을 바이츠제커는 "해방의 날"로 재해석했다. 나치 독재로부터의 해방이었다. 서독 의회에서 이 연설을 할 당시, 그는 현장에 모인 사람들뿐 아니라 라디오와 텔레비전을 통해 연설을 듣던 수백만 독일인들에게 강렬한 메시지를 전했다. "과거를 외면하는 자는 현재도 볼 수 없다." 이 말은 당시 독일 사회의 침묵을 깨는 충격이었다. 나치의 과거를 마주하지 못하던 이들에게는 날카로운 경고였다.

그는 독일인들에게 과거를 미화하거나 왜곡하지 말고 사실 그대로 받아들이라고 촉구했다. "우리는 모두, 죄가 있든 없든, 젊었든 늙었든, 과거를 직시하고 책임을 져야 한다." 그의 말은 독일 사회의 침묵 문화에 균열을 내었다. 사람들은 더 이상 과거를 숨기지 않고 이야기하기 시작했다. 어떤 가정에서는 처음으로 나치 시대에 대한 이야기가 오갔고, 부모 세대는 젊은 세대의 질문에 답하며 자신들의 침묵이 미친 영향을 깨달았다. 이를 통해 많은 가정이 과거의 어두운 진실을 공유하며 세대 간 이해와 화해의 계기를 마련했다.

바이츠제커의 연설은 국제적으로도 큰 반향을 일으켰다. 프랑스와 폴란드 등 과거 적대 관계였던 국가들의 지도자들은 그의 연설을 높이 평가하며 독일의 국제적 신뢰 회복에 기여했다. 일본과 한국에서도 그의 사례는 과거사 청산의 모범으로 자주 언급되었다. 독일의 과거 직시와 화해의 노력은 국제 언론들로부터 "새로운 화해의 시대를 여는 신호탄"으로 평가받으며, 독일의 진정성을 전 세계에 보여주는 사례로 자리 잡았다.

그는 과거를 반성하는 데 그치지 않고 미래를 향한 발판을 마련했다. 그의 연설은 교육 현장에도 큰 변화를 가져왔다. 독일의 학교들은 나치 시대의 역사를 필수 교육 과정으로 채택했고, 학생들은 기념관을 방문하며 과거를 체감했다. 이를 통해 젊은 세대는 과거를 비판적으로 바라보는 동시에 현재와 미래에 대한 책임감을 키울 수 있었다. 독일의 이러한 교육 모델은 전 세계적으로 주목받으며 다양한 국제 포럼에서 논의되었다.

바이츠제커는 한국과도 깊은 관계를 맺었다. 김대중 전 대통령과의 우정은 외교적 관계를 넘어선 것이었다. 김대중이 내란 혐의로 사형 선고를 받았을 때, 바이츠제커는 독일 정치인들과 함께 그의 구명 운동에 앞장섰다. 김대중은 그를 "인류애를 지닌 인물"로 평가하며 깊은 신뢰를 보냈다. 두 사람의 관계는 한국과 독일 간의 신뢰를 더욱 굳건히 했으며, 바이츠제커는 김대중의 노벨평화상 수상 추천에도 힘을 보탰다. 이들의 우정은 두 나라의 민주주의와 평화 발전에 기여한 중요한 연결고리로 남았다.

리하르트 폰 바이츠제커는 연설에 능한 정치인이 아니었다. 그는 독일 사회의 방향을 전환하고, 국제 사회에서 독일의 위상을 회복하며, 과거와 현재, 미래를 잇는 가교 역할을 했다. 그의 메시지는 전 세계가 역사와 화해를 바라보는 방식을 변화시켰다. 그의 유산은 여전히 독일과 그 너머의 사람들에게 깊은 울림을 주고 있다. 그의 삶과 업적은 독일의 역사에 머물지 않고, 전 세계가 공유할 수 있는 교훈과 영감으로 남아 있다.

기억의 공간

독일은 과거를 진지하게 반성하는 나라로 유명하다. 이 나라는 말로만 반성하는 것이 아니라, 대규모 기념관을 세우고 다양한 기억의 공간을 조성하며 그 심각성을 강조한다. 독일을 방문하면 과거를 성찰하는 기념관 투어만으로도 하루가 꽉 찰 정도로, 제대로 둘러보려면 며칠이 걸릴 정도다.

가장 대표적인 곳은 베를린 중심부에 위치한 유대인 학살 추모 기념관, 공식 명칭 "Holocaust Memorial"이다. 이 기념관은 나치 정권에 의해 학살된 유럽 유대인 600만 명을 기리기 위해 만들어졌다. 2,711개의 콘크리트 기둥이 미로처럼 배열되어 있어, 그 사이를 걸으며 각자 자신만의 감정을 느낄 수 있다. 뉴욕 출신 건축가 피터 아이

젠만이 설계한 이 공간은 추상적이고 개방적인 디자인으로, 방문자들이 각자의 방식으로 해석할 수 있도록 했다. 이곳은 평온함과 불안감을 동시에 불러일으키며, 그 다양성이 기념관의 의도라고도 할 수 있을 것이다.

또 다른 중요한 장소는 "공포의 지형도 기념관(Topography of Terror)"이다. 이곳은 나치 비밀경찰인 게슈타포 본부가 있던 자리로, 현재는 나치 범죄자들의 만행을 고발하는 전시가 열리고 있다. 잔해와 베를린 장벽 조각을 활용한 야외 전시 공간은 특히 강렬한 인상을 남긴다. 음성 기록과 동영상 자료를 통해 생생한 경험을 제공하며, 과거의 기억을 현재로 끌어오는 역할을 한다.

1942년 나치가 유대인 학살 계획을 논의했던 반제 회의 기념관도 빼놓을 수 없다. 이곳은 반유대주의와 나치 범죄에 대한 자료를 전시하며, 그들의 치밀하고 비인간적인 계획을 생생하게 보여준다. 전시실마다 세세하게 기록된 자료들은 머리로 이해하기보다는 마음으로 느끼게 만든다.

베를린 유대인 박물관은 독일 유대인의 역사와 문화를 중심으로 홀로코스트의 영향을 다룬다. 예술 작품과 인터랙티브 전시를 통해 깊이 있는 경험을 제공한다. 또한, 베를린 근교에는 작센하우젠과 다하우 강제수용소 기념관이 있다. 이곳들은 나치 시대의 어두운 역사를 생생하게 보여주며, 특히 다하우는 나치 최초의 강제수용소로,

수많은 비극의 시작점이었다. 작센하우젠은 더 큰 규모로, 나치의 조직적 잔혹함을 실감할 수 있는 공간이다.

독일의 기념관들은 과거를 기억하는 데 그치지 않는다. 젊은 세대에게는 교육의 장이 되고, 일상 속에서는 반성의 문화를 형성한다. 베를린 곳곳에 설치된 "걸림돌" 프로젝트는 보도에 작은 동판을 박아 나치 희생자들을 기린다. 이 동판들은 독일 전역에 수천 개가 설치되어 있어, 나치 희생자들의 흔적을 일상에서도 느낄 수 있다. 이 작은 동판들이 주는 감정은 거대한 기념관 못지않다.

독일은 이러한 노력을 통해 과거를 직면하고 새로운 국가 정체성을 형성했다. 국제 사회에서도 신뢰를 회복하며, 유럽 통합에 적극적으로 참여할 수 있는 발판을 마련했다. 독일의 기념관들은 과거를 외면하지 않고 끊임없이 성찰하도록 돕는다. 과거는 덮어두는 것이 아니라 배우는 것이라는 사실도, 적당한 거리를 두고 바라보는 법도 가르쳐준다. 독일의 기념관들은 역사적 장소를 넘어, 살아 있는 교훈의 공간이다. 이곳을 방문하면 과거와 미래를 함께 생각하게 되며, 일상 속에서 그 교훈을 적용하는 방법을 고민하게 될 것이다.

이웃나라 기념관

이러한 독일의 반성을 보고 있으면 자연스럽게 일본이 떠오른다. 희생자들을 기리고 자신의 잘못을 전시하는 기념관 설립이 단순한 일처럼 보일 수도 있다. 그런데 일본 도쿄와 그 인근에 이러한 기념관이 있다면? 여기에 일본을 대입해 보면 독일의 반성이 얼마나 대단한지 알 수 있다.

일본은 20세기 전반 세계에 큰 죄악을 저질렀다. 그러나 일본은 이를 대하는 태도에서 독일과는 사뭇 다른 모습을 보여준다. 독일은 홀로코스트를 중심으로 자국의 잘못을 되새기고 사과하며, 이를 기념하는 기념관을 곳곳에 세웠다. 반면 일본은 야스쿠니 신사와 같은 시설에서 가해 역사는 배제된 채 희생만 강조되며, 전쟁을 미화하는 경향이 강하다. 일본은 독일과는 달리 침략의 역사를 기록하거나 반성하지 않고, 이를 축소하거나 왜곡하려는 태도를 보인다.

히로시마 평화기념관은 원자폭탄 투하로 인한 민간인 희생을 기념하는 시설이다. 이곳은 핵무기의 참상을 생생히 보여주며 평화의 소중함을 강조한다. 하지만 전쟁 발발의 책임이나 아시아태평양전쟁의 맥락은 거의 언급되지 않는다. 일본은 "피해자"로서의 모습을 부각하는 데 초점을 맞추며, 가해자로서의 역사는 배제한다. 원폭 피해를 강조하면서도 전쟁의 원인 제공자로서의 일본의 역할에 대해선 침묵한다.

마이즈루 기념관은 식민지에서 귀환한 일본인들의 경험을 전시한다. 일부 기록은 유네스코 세계기록유산으로 지정될 만큼 가치가 있지만, 같은 장소에서 발생한 우키시마호 한국인 희생자 관련 기록은 전무하다. 일본의 기억이 얼마나 선택적이고 자기중심적인지 보여주는 대표적인 사례. 일본인 귀환자들의 고난을 강조하는 반면, 한국인 강제노역 피해자들의 희생은 의도적으로 배제하고 있다.

도쿄에 위치한 쇼와관은 전시 중 일본 민간인의 고난을 강조하는 공간이다. 공습을 피해 숨는 일본 민중의 모습을 재현하며 "우리는 고통받았다"는 메시지를 부각한다. 하지만 동시에 전쟁 책임에 대한 반성은 부족하다보니, 일본이 피해자로서의 이미지를 강조하려는 전략의 일환으로 보인다. 이곳에서는 일본의 국가적 책임이 사라지고, 일본 민중의 고통만 부각된다.

일본의 역사적 태도는 숨기고, 부정하고, 왜곡하는 모습으로 요약될 수 있다. 이런 태도를 보면 일본이 과연 과거의 잘못을 다시 반복하지 않을 것이라고 믿을 수 있을까? 인간과 마찬가지로 국가 또한 과거의 죄를 인정하지 않는 한, 같은 일을 되풀이할 가능성이 크다. 위안부 문제는 일본이 반성하지 않는 대표적인 사례 중 하나다. 일본 정부는 이 문제를 과거사로 치부하고 끝내려 한다. 하지만 피해자들에게 이 문제는 현재진행형이다. 그들의 상처는 아직 아물지 않았고, 일본의 사과를 기다리고 있다.

일제 강점기 동안 일본에 의해 살해된 한국인의 정확한 통계 수치를 제시하기는 어렵다. 체계적인 기록의 부재, 다양한 형태의 피해, 시기별 차이, 그리고 연구의 한계 때문이라고 할 수 있다. 그러나 일부 사건이나 특정 기간에 대한 추정치는 존재한다. 3.1 운동 당시 일본군과 경찰에 의해 최소 7,500명의 한국인이 살해되었으며, 강제 동원된 노동자들 중 사망자는 수만에서 수십만 명에 이를 것으로 추정된다. 히로시마와 나가사키 원폭 피해자 중 약 5만 명의 한국인이 포함되며, 이 중 상당수가 사망했다.

이러한 수치들은 전체 피해의 일부분일 뿐이며, 실제 피해 규모는 이보다 훨씬 클 것으로 추정된다. 강제 노역, 위안부 문제, 그리고 731부대의 생체실험 등은 일본이 자행한 대표적인 전쟁 범죄로 꼽힌다. 난징 대학살에서 수십만 명이 희생된 것처럼, 일본의 전쟁 범죄는 아시아 태평양 전역에 걸쳐 광범위하게 발생했다. 일본의 침략과 학살은 현대 국제 관계에도 깊은 영향을 미치고 있다. 피해국들은 일본의 공식적인 사과와 배상을 요구하고 있으며, 여전히 해결되지 않은 역사적 과제로 남아 있다.

위안부 동상은 단순한 기념물이 아니다. 국제 사회에 일본의 전쟁 범죄를 알리고, 피해자들의 목소리를 대변하는 상징으로 자리 잡았다. 미국, 독일, 필리핀 등 여러 국가에 설치된 위안부 동상은 일본의 압력에도 불구하고 그 자리를 지키고 있다. 이러한 동상은 단지 과거를 기억하는 데 그치지 않고, 현재진행형의 인권 문제를 상기시킨다. 피해자들의 고통과 요구는 여전히 유효하며, 국제 사회는 이를 지지해야 한다.

일본이 반성을 하지 않는 이유는 복합적이다. 하나는 국내 정치적 이유다. 일본 내 우익 세력은 과거사 문제를 인정하면 국가 정체성과 자부심이 훼손될 것을 우려한다. 또 다른 이유는 역사 교육의 한계다. 일본의 학교 교육은 전쟁의 책임을 충분히 가르치지 않아, 국민들이 과거를 올바르게 인식하지 못하게 만든다. 이러한 구조적 문제들은 일본이 과거를 직면하지 못하는 주요 원인으로 작용하고 있다. 그러나 반성은 단지 잘못을 인정하는 것이 아니다. 그것은 더 나은 미래를 위한 첫

걸음이다. 일본이 이 중요한 교훈을 배우는 날, 진정한 변화가
시작될 것이다.

야스쿠니

야스쿠니 신사는 일본의 역사와 상징이 깊이 연결되어 있어 많은 이들에게 충격과 두려움을 불러일으킨다. 이곳에는 약 246만 6천여 명의 전사자들이 안치되어 있으며, 그 중 2,466,532명의 이름, 본관, 생일, 사망 장소 등이 상세히 기록되어 있다. 이들은 보신전쟁과 메이지 유신(1867-69) 시기 7,751명, 만주사변(1931-37) 당시 17,176명, 중일전쟁(1937-41) 기간 191,250명, 그리고 제2차 세계대전(1941-45) 중 2,133,915명 등 다양한 전쟁과 사건에서 희생된 이들이다. 전쟁 관련 구호 활동에 참여한 민간인, 군수 공장 노동자, 소련 포로수용소에서 사망한 일본인, 침몰한 선박의 승무원과 피난민 등도 포함된다.

야스쿠니 신사에서 추모되는 이들은 죽은 자로 남지 않는다. 신도 신앙에 따라 영령이라는 새로운 지위를 얻어 천황과 국가를 위해 목숨을 바친 이들이 신으로 승격된다. 초혼식을 통해 영혼은 인령에서 신령으로 변화하며, 개인이 아니라 국가를 수호하는 존재로 여겨지는 과정이다. 야스쿠니라는 이름 자체가 "나라를 안정케 한다"는 의미를 담고 있어, 이곳에 합사된 영혼들은 일본의 평화와 안정을 지키는 상징으로 추앙받는다.

일본은 전몰자들을 추모하는 데 그치지 않고, 그들을 신의 경지에 올려 국가의 상징적 존재로 삼는다. 추모를 넘어 희생을 신성화하는 과정으로 이어지며, 전쟁을 미화하거나 그 정당성을 강조하는 문화적, 종교적 기제로 작용한다. 이러한 행위는 군국주의적 이념을 계속 유지하려는 의도로 보인다.

야스쿠니 신사의 주요 의식인 초혼식과 합사제는 전사자의 영혼을 불러와 신사에 합사하는 과정이다. 이 과정에서 영새부라는 명부에 이름을 기록하고, 이를 본전으로 옮기는 것이 핵심이다. 이렇게 합사된 영혼은 개인이나 가족의 영역을 넘어 국가 제사의 대상이 되는 신으로 승격된다. 이러한 의식은 일본의 제국주의 시기에 더욱 강화되었으며, 국가 이데올로기의 일부로 자리 잡았다.

특히 야스쿠니 신사가 전쟁 범죄자들까지 포함해 이들을 영령으로 숭배하는 행위는 국제적으로 큰 비판을 받는다. 14명의 A급 전범이 야스쿠니 신사에 합사되어 있는데, 이들은 태평양 전쟁에서 주요한 침략 행위를 주도한 인물들로, 전후 국제 군사재판에서 처벌을 받았다. 그러나 일본 내에서는 이들을 국가를 위한 희생자로 미화하며, 이들의 합사는 야스쿠니 신사의 정치적 논란을 더욱 심화시켰다.

야스쿠니 신사는 전사자의 신격화뿐 아니라 정치적, 외교적 갈등의 중심이 되고 있다. 일본 정부의 주요 정치인들이 야스쿠니 신사를 참배할 때마다 한국과 중국 등 주변국들의 강한 반발이 이어진다. 이들은 야스쿠니 참배를 침략 전쟁을 정당화하고 전쟁 범죄를 미화하는 행위로 간주한다. 이로 인해 야스쿠니 신사는 종교적 공간이 아닌, 일본의 역사적 책임 문제를 둘러싼 외교적 갈등의 중심이 되고 있다.

야스쿠니 신사의 초혼식과 합사제는 전사자를 기리는 의식에 그치지 않는다. 이는 일본 국민들에게 전쟁의 비극을 축소시키고, 침략 전쟁을 국가를 위한 신성한 행위로 정당화하는 역할을 한다. 이러한 의식은 제2차 세계대전 중 일본 군인들에게도 강력한 심리적 동기를 제공했다. 전사자는 죽음을 통해 신이 될 수 있다는 믿음은 병사들에게 희생을 미화하며, 전쟁의 공포를 덜어주는 일종의 심리적 방어기제로 작용했다.

일본의 식민지배와 침략을 경험했던 한국, 대만, 중국에서는 야스쿠니 신사가 과거의 고통을 부정하거나 왜곡하는 공간으로 여겨진다. 특히 한국과 대만에서는 전사자들의 이름이 유족들의 동의 없이 야스쿠니 신사에 합사된 사례가 많아 논란이 되었다. 이러한 행위는 식민지 지배의 연장선으로 간주되며, 유족들에게는 또 다른 상처를 남기고 있다.

야스쿠니 문제는 과거를 기억하는 방식의 문제로 끝나지 않는다. 그것은 일본 사회가 현재와 미래를 어떻게 정의하고 있는지, 그리고 과거를 바탕으로 어떤 방향으로 나아가고 있는지를 보여주는 중요한 지표다. 일본 내에서도 야스쿠니 신사를 둘러싼 논란은 여전히 뜨겁다. 일부 일본인들은 야스쿠니를 전사자의 영혼을 위로하는 신성한 공간으로 바라보지만, 또 다른 이들은 그것을 군국주의와 제국주의의 잔재로 인식한다.

야스쿠니를 생각할 때마다 마음속에서 생기는 불편함은 어쩌면 우리가 무엇을 기억하고 무엇을 잊어야 하는지에 대한 신호일지도 모른다. 이 불편함은 과거의 잘못을 통해 현재를 더 나은 방향으로 이끌기 위한 성찰의 출발점이 될 수 있다. 야스쿠니는 일본의 과거를 상징하는 공간이 아니다. 그것은 전쟁과 평화, 기억과 망각, 그리고 국가와 개인의 복잡한 관계를 반영하는 거울이다. 이 거울을 통해 우리는 전쟁의 참혹함을 다시금 되새기며, 더 나은 미래를 위해 어떤 선택을 해야 할지를 고민하게 된다.

5장 실패와 성공 사이

과거 청산 실패

독일이 나치 정권을 철저히 처단했다는 주장은 과장된 면이 있다. 실제로 독일의 나치 청산 과정은 복잡하고 다소 허술했다. 이에 대해 좀 더 깊이 살펴보자.

탈나치화(Denazification)는 연합국이 전쟁 후 독일 사회에서 나치즘의 흔적을 제거하기 위해 시행한 정책이다. 주요 목표는 다음과 같았다.

나치 지도자와 지지자들을 처벌하고,

나치당원들을 공직에서 배제하며,

나치 관련 법률과 법령을 폐지하고,

나치당 및 관련 조직을 해체하며,

나치 상징물을 완전히 제거하는 것.

이 정책은 듣기에는 단호해 보였지만, 실제로는 여러 문제에 직면했다. 탈나치화는 강력한 의지를 담고 있었지만, 복잡한 이해관계와 현실적인 제약으로 인해 완벽하게 실행되지 못했다.

한계와 문제점이 있었다. 첫째, 규모가 너무 방대했다. 독일 인구 중 나치당원이 아니었던 사람이 거의 없어 수백만 명을 조사하고 처벌하는 것은 불가능했다. 또한, 조사 과정에서 공정성을 확보하기 어려웠다. 사람들은 "어디까지가 죄이고 어디까지가 협박에 의한 행동인가"를 두고 끊임없이 논쟁했다. 나치에 가입한 것이 생존을 위한 어쩔 수 없는 선택이었다는 점도 무시할 수 없었다.

둘째, 경제 재건이라는 큰 장벽이 있었다. 독일을 재건하는 과정에서 나치 관련자들의 전문성을 무시할 수 없었다. 주요 기술자들을 배제하면 공장도 돌리기 어려웠고, 인프라도 복구할 수 없었다. 경제 재건과 탈나치화가 충돌하면서, 많은 사람들이 실용성을 택했다. "나라를 살리는 것이 먼저"라는 논리가 힘을 얻으면서, 나치 관련자들의 복귀가 점점 허용되었다. 경제적 필요성과 윤리적 책임 사이에서의 줄타기였다.

셋째, 냉전도 영향을 미쳤다. 소련과의 대립이 심화되면서 서방 연합국들은 나치 청산보다는 공산주의를 막는 데 더 관심을 기울였다. 이로 인해 탈나치화에 대한 의지가 약해졌다. 시간이 지나면서 독일인들도 이 정책에 반발하기 시작했다. "너무하다"거나 "지나치게 처벌적이다"라는 비판이 나왔다. 특히, 나치에 직접 가담하지 않았던 사람들이 가담자처럼 취급받는 일이 많아지면서, 정책의 정당성에 의문이 제기되었다. 독일 사회 내의 갈등을 더욱 심화시켰다.

넷째, 처벌의 불균형도 문제가 되었다. 주요 범죄자들은 빠져나가고, 나치당에 가입했던 사람들이 과도하게 처벌받는 경우가 많았다. 이는 정책의 신뢰도를 떨어뜨렸다. 사람들은 이중 잣대에 불만을 품었고, 사회적 갈등을 더욱 심화시켰다. 일부 연합군 관계자들조차 독일 내 갈등을 심화시키는 방향으로 행동한 사례도 있었다. 일부 지역에서는 연합군의 정책이 지나치게 가혹해 지역사회를 분열시키기도 했다.

독일 내에서도 탈나치화는 지역마다 다르게 진행되었다. 바이에른 지역처럼 보수적이고 나치당 지지율이 높았던 곳에서는 정책이 엄격하게 시행되었지만, 북독일이나 대도시 지역에서는 경제 재건과 일상 복귀가 우선시되면서 탈나치화가 느슨해졌다. 이러한 차이는 지역 간 불평등과 정치적 갈등을 부추겼다. 연합군 역시 지역적 차이에 따라 정책 강도를 달리했는데, 이것은 탈나치화의 일관성을 해치는 요인이 되었다. 지역마다 다른 접근 방식은 탈나치화의 목적과 효과에 대해 의문을 제기하게 만들었다. 독일 사회에서 분열된 과거 인식을 심화시키는 요인이 되었다.

결국 1951년에 탈나치화는 공식적으로 종료되었지만, 많은 전직 나치당원들이 다시 중요한 직위로 복귀했다. 독일 사회 내에서 논란을 일으켰다. 일부 나치 전범들은 사면법 덕분에 처벌을 받지 않았다. 독일 사회는 과거사 청산에서 어정쩡한 상태로 머물렀다. "정말 이게 최선인가?"라는 질문이 끊임없이 제기되었다. 과거를 철저히 직면하지 못한 채 타협한 결과, 독일 사회 내에서는 나치에 대한 명확한 입장 정리가 이루어지지 못했다.

그럼에도 불구하고 탈나치화는 완전히 실패했다고 볼 수는 없다. 독일은 이 정책을 통해 민주화의 기틀을 마련했다. 국제사회에서도 조금씩 신뢰를 회복했고, 이후 유럽 통합과 인권 문제에서 중요한 역할을 맡게 되었다. 물론, 이 모든 과정은 시간이 오래 걸렸다. 독일은 이 경험을 바탕으로 자기 자신을 돌아보고, 과거와 화해하며, 미래로 나아가고 있다. 탈나치화의 공과를 두고 수십 년 동안 논쟁이 계속되었지만, 그 과정 자체가 역사를 직면하는 중요한 기회가 되었다. 더 나아가 탈나치화는 독일의 현대 정치 및 사회 시스템에서 과거의 과오를 되새기는 중요한 기초가 되었다. 이 과정은 독일이 이후 세계 무대에서 신뢰를 회복하고, 더 나은 미래를 건설하는 데 밑거름이 되었다.

탈나치화는 역사를 직면하고, 배운다는 것이 얼마나 중요한지를 보여준다. 이 과정은 완벽하지 않았고, 많은 문제와 한계를 드러냈다. 하지만 중요한 건, 독일이 그 어려운 길을 선택했다는 사실이다. 과거를 덮어두지 않고, 그것을 통해 더 나은 사회를 만들기 위해 노력했다는 점에서 의미가 있다. 이 정책은 독일 사회 내의 갈등을 완전히 해소하지는 못했지만, 적어도 과거를 논의하고 성찰하는 장을 열었다. 우리도 이 이야기를 통해 배우고, 깊이 생각해보는 것이 필요하다. 과거의 무게를 인정하고, 그걸 발판 삼아 미래로 나아가는 것. 이게 바로 우리가 이 역사에서 배울 수 있는 가장 큰 교훈일 것이다.

실패해야 성공한다

독일이 나치 독재의 참혹함을 학교 교육에서 강조하는 데는 여러 이유가 있다. 먼저, 이를 교육하지 않았다면 국제사회로부터 심한 비난을 받았을 것이다. "너희는 아직도 정신을 못 차렸느냐?"와 같은 질책을 면하기 어려웠을 것이다. 그러나 독일의 교육은 비난을 피하려는 차원을 넘어, 과거의 상처를 직시하고 더 나은 사회를 만들기 위한 진정한 노력이다.

독일은 나치 시대의 잔혹한 범죄와 홀로코스트를 외면하지 않는다. 철저한 반성과 책임을 다하는 자세로, "미안하다"는 말로 끝내지 않는다. "다시는 이런 일이 반복되지 않도록 하겠다"는 강력한 의지를 교육을 통해 실천으로 옮기고 있다.

나치 시대의 인종차별과 박해는 독일 역사 교육의 중요한 부분이다. 유대인, 집시, 장애인, 성소수자 등 다양한 소수자들이 어떻게 탄압받았는지를 배우며, 학생들은 다양성을 존중하는 중요성을 깨닫는다. 현대 독일은 다문화 사회로, 다양한 인종과 문화가 공존하는 곳이다. 따라서 이러한 교육은 필수적이다. 차별과 박해의 역사를 되새기며, 학생들은 "모든 인간은 평등하다"는 가치를 자연스럽게 받아들인다. 또한, 이 교육은 학생들이 주변의 소수자들을 더 잘 이해하고 그들의 권리를 존중하게 만드는 데 기여한다. 일부 지역에서는 이민자 단체와 협력해 학생들이 직접 그들의 이야기를 듣는 프로그램도 운영한다.

"이미 한 번 일어난 일이라면, 그 일은 언제든지 다시 일어날 수 있다." 이 문장은 독일 역사 교육의 핵심이다. 학생들에게 과거의 그 사건이 오늘날에도 얼마나 큰 경고가 되는지를 가르친다. 경각심을 심어주는 것이다. "과거를 잊으면 미래는 없다"는 말을 독일은 진정으로 새기고 있다. 특히 극우 정치세력의 부활이나 사회에 혐오가 등장할 때마다, 이러한 역사 교육은 그 중요성을 더 크게 발휘한다. 학생들은 과거가 반복되지 않도록 구체적인 실천 방안을 고민하게 된다.

독일의 역사 교육은 "이런 일이 있었어"라고 가르치는 것이 아니다. 학생들이 역사를 비판적으로 바라보고 스스로 판단할 수 있는 능력을 기르게 한다. 독일 정치교육의 원칙인 보이텔스바흐 협약의 핵심이다. 교육자는 학생들에게 자신의 의견을 강요하지 않고, 다양한 관점을 제공해 스스로 생각하고 판단하도록 한다. 이러한 교육 방식 덕분에 독일 학생들은 역사에 대해 깊이 생각하는 법을 배운다. 암기가 아닌, 이해와 분석, 논리적 사고를 통해 역사적 사건을 재구성한다. 이 과정에서 학생들은 역사적 사실을 현재 사회 문제와 연결시켜 사고하는 능력을 키운다. 이러한 비판적 사고력은 현대 사회에서 시민으로서의 역할을 충실히 수행하는 데 필수적이다.

독일의 역사 교과서는 나치 독재의 실상을 생생하게 보여준다. 사진, 증언, 영상 등 다양한 자료를 활용해 히틀러의 권력 장악 과정, 유대인 학살, 전쟁 범죄 등을 낱낱이 드러낸다. 학생들이 그 시대의 공포와 참혹함을 느낄 수 있도록 한다. 이러한 교육 방식 덕분에 학생들은 역사를 이해하고 공감하게 된다. 교과서는 학생들이 과거와 현재를 연결해 사고할 수 있는 도구로 활용된다. 최근에는 디지털 자료와 가상현실 기술까지 동원되어 학생들이 더 몰입감 있게 역사를 체험할 수 있게 되었다. 또한, 교과서는 윤리적 질문을 던지는 데 초점을 맞춘다. "우리는 이런 상황에서 어떤 선택을 했어야 했는가?"라는 질문을 통해 학생들은 윤리적 사고를 훈련한다.

독일의 역사 교육은 교실에서만 이루어지지 않는다. 현장 학습, 기념관 방문, 증언 듣기 등 다양한 방법이 동원된다. 강제 수용소를 직접 방문하거나 생존자들의 증언을 듣는 프로그램은 특히 강력하다. 이러한 체험을 통해 학생들은 역사적 사실을 더 깊이 이해하고 그 의미를 되새기게 된다. 더 나아가, 이러한 체험 활동은 학생들이 과거를 자신의 삶과 연결된 현실적인 문제로 인식하게 만든다. 최근에는 학생들이 직접 연극이나 다큐멘터리를 제작하며 나치 시대의 사건을 재현하는 프로그램도 진행된다. 이러한 활동은 학습을 넘어 창의적이고 능동적인 참여를 독려한다.

독일의 역사 교육은 순전히 과거를 배우는 것이 아니다. 과거를 통해 현재를 이해하고 미래를 준비하는 과정이다. 나치 독재의 참혹함을 가르치는 이유는 단순히 "나쁘다"고 말하려는 것이 아니다. 학생들에게 비판적으로 생각하고, 평등과 인권의 가치를 존중하며, 민주주의를 지켜나가라는 메시지를 전달하려는 것이다. 이렇게 철저히 가르치는 이유는 과거를 통해 배우지 않는다면 미래가 어둡기 때문이다. 독일의 역사 교육이 우리에게 주는 교훈은 바로 이것이다. 과거를 마주하고, 이를 통해 더 나은 미래를 만들어가는 것. 이 교훈은 독일에만 국한되지 않는다. 모든 사회와 개인이 함께 추구할 만한 가치가 있는 문제다.

프랑스의 선택

프랑스 대숙청 얘기, 참 드라마틱하다. 역사책을 보는 게 아니라 영화 시나리오를 읽는 기분이다. 시작은 이렇다. 나치 독일이 물러가고 프랑스는 부역자들을 정리하겠다고 결심했다. 숙청은 1944년부터 1951년까지 약 7년 동안 프랑스 전역에서 진행되었다.

먼저 배경부터 살펴보자. 이 숙청의 목적은 나치와 손잡은 사람들을 벌주고 정의를 세워 프랑스의 명예를 회복하려는 것이었다. 프랑스 제5공화국의 초대 대통령을 역임한 샤를 드골은 단호했다. "배반자는 벌을 받아야 한다!" 그는 애국자들에게 상을 주고, 배반자들에게 벌을 주는 것이 국민을 하나로 뭉치게 한다고 믿었다. 더 나아가, 그는 이 숙청이 새로운 프랑스를 건설하기 위한 초석이라고 여겼다. 그의 발언은 프랑스인들에게 강렬한 메시지로 다가왔다.

숙청의 방식은 세 가지였다. 초법적, 사법적, 행정적. 간단히 말하자면, 즉결 처형 같은 법을 넘어선 방식, 재판을 통한 공식적인 처벌, 그리고 공무원 해고 같은 행정적인 방법이 있었다. 각각의 방식은 프랑스 사회에 다른 영향을 끼쳤으며, 이 시기의 프랑스를 근본적으로 변화시키는 역할을 했다.

초법적 숙청은 영화 같은 장면이 많았다. 해방 직후 레지스탕스와 시민들이 부역자들을 직접 잡아 처형했다. 약 1년 동안 9,000명이 즉결 처형되었다고 한다. 지방에서 이런 일이 빈번했는데, 도시보다 감정적인 대응이 강했던 것도 이유였다. 부역자 가족들까지 고통받는 경우도 있었다. 예를 들어 브르타뉴 지역에서는 부역자 처형이 마을 축제처럼 열리기도 했다. 주민들이 모여 범죄자들을 조롱하고 사형이 집행되는 순간까지 지켜보았다. 이렇듯 초법적 숙청은 일부에서는 정의로운 행위로 여겨졌지만, 다른 한편에서는 무질서하고 잔혹한 복수극으로 평가되기도 했다. 정의의 이름으로 행해진 폭력이 과연 어디까지 정당화될 수 있을지에 대한 질문을 던지는 것이다.

초법적 숙청이 사회에 미친 영향은 공포와 혼란만이 아니었다. 사람들로 하여금 새로운 윤리적 기준을 고민하게 만들었다. 한 농민은 레지스탕스가 부역자로 낙인찍은 이웃을 처형하는 광경을 목격한 뒤 평생 죄책감에 시달렸다는 이야기를 남겼다. 누군가에게 정의라고 여겨진 일이 또 다른 누군가에게는 폭력으로 다가왔다. 이처럼 초법적 숙청은 정의와 복수 사이의 경계가 얼마나 모호할 수 있는지를 보여준다.

사법적 숙청은 좀 더 체계적이었다. 1944년, 부역자 재판소가 설치되고, 국치죄를 저지른 사람들의 공민권을 박탈하는 재판부도 등장했다. 약 35만 명이 부역 혐의로 기소되었고, 그중 12만 7천 명이 재판에 회부됐다. 사형 선고를 받은 사람은 6,763명, 실제로 처형된 사람은 767명이었다. 그 외에도 무기징역이나 징역형을 받은 사람들이 많았다. 재판 기준이 항상 명확했던 것은 아니어서 억울한 피해자들도 적지 않았다고 한다. 재판 중 공개된 증언은 당시 사회의 단면을 생생히 보여줬다. 한 언론인은 가족의 생존을 위해 협력할 수밖에 없었다고 증언했지만, 재판부는 "공공의 이익을 배신한 자는 개인 사정을 이유로 용서받을 수 없다"고 냉정히 판단했다. 법적 정의와 도덕적 판단 사이의 간극을 잘 보여준다.

이후 법정 기록은 프랑스 사회학자들과 역사학자들에게 중요한 연구 자료가 되었다. 당시 사회의 윤리적 기준과 공포 정치의 복잡한 상호작용을 보여주는 귀중한 자료로 평가된다. 또 많은 재판이 공개적으로 진행되어 대중들에게 경각심을 심어주는 도구로 사용되었다. 프랑스 국민들에게 "정의는 살아 있다"는 신호를 보내려는 의도에서 비롯되었다.

행정적 숙청은 잔잔해 보이지만, 파장은 컸다. 공무원 2만 2천 명에서 2만 8천 명이 파면당했고, 나치 점령기 동안 발행된 언론 매체 538개가 재판에 회부되어 그중 115개가 폐간됐다. 이로 인해 언론 지형이 완전히 재편되었다. 특히 <르몽드> 같은 신생 언론은 공정성과 독립성을 강조하며 새로운 규칙 아래 탄생했다. 하지만 언론의 다양성이 억압되는 요인으로 작용하기도 했다. 공무원 사회 역시 부패 구조를 타파하려는 시도가 이어졌으나, 새로 구성된 조직에서도 균열과 불신이 자리 잡는 경우가 많았다. 언론사들은 정부 비판을 자제하는 자기검열이 만연하기 시작했다. 이후 프랑스 사회에서 언론의 독립성과 신뢰성을 회복하는 데 장기적인 과제를 남겼다.

행정적 숙청의 결과 중 하나는 공직 사회의 정화였다. 그러나 이는 새로운 부정부패 방지 기구의 설립을 촉진하기도 했지만, 공무원들 사이에 깊은 불신과 두려움을 남겼다. 부역 혐의를 받아 직장에서 파면당한 뒤 몇 년이나 억울함을 호소한 뒤에야 복직한 사례도 전해진다.

이 숙청은 엄청나게 신속하고 광범위하게 진행되었다. 해방 직후 시작해 사회 전반에 걸쳐 이루어졌고, 언론인과 지식인들에게 특히 엄격했다. 좌우 진영 할 것 없이 숙청의 필요성에는 동의했지만, 너무 과격하다는 비판도 많았다. 일부 부역자들은 숙청을 피하기 위해 국외로 도망치거나 신분을 위조하기도 했다. 이런 이야기는 당시 프랑스 사회의 복잡성을 더욱 부각시킨다. 특히 신분 위조와 탈출 과정에서 발생한 드라마 같은 이야기들은 후에 소설과 영화로도 제작될 만큼 흥미로웠다. 이런 개인들의 이야기는 전후 프랑스 사회에서 용서와 화해의 문제를 재조명하는 계기로 작용했다.

드골의 언론인 숙청은 한 편의 정치 드라마 같다. 그는 언론을 도덕의 상징으로 보고, 부역한 언론인들을 용서할 수 없다고 여겼다. 언론인들이 대중에게 미치는 영향력을 알았기에 가장 먼저 처벌했다고 한다. 그러나 이러한 엄격함이 프랑스 언론계의 자기검열을 심화시키는 부작용도 초래했다. 이후 언론계는 도덕적 윤리를 지키려는 노력과 생존을 위한 타협 사이에서 줄타기를 해야 했다.

숙청은 장기적으로 복잡한 영향을 미쳤다. 언론의 독립성은 약화되었고, 정부와 언론 간 긴장 관계가 형성됐다. 언론사 소유도 소수 대기업과 부유층에게 집중되는 문제가 생겼다. 공영 방송의 위상은 높아졌지만, 정부의 간섭 우려도 커졌다. 언론의 자기검열은 비판적 시각 대신 온건하고 중립적인 논조를 유지하려는 경향을 강화했다. 이러한 흐름은 오늘날까지도 이어져 프랑스 언론 환경에 중요한 영향을 미치고 있다.

재판 과정

파리 재판에서 민족반역자를 판단한 기준은 매우 흥미롭다. 모든 것이 철저히 계획된 듯 보이지만, 그 안에는 정치와 사회의 복잡한 역학이 얽혀 있었다. 프랑스는 부역자를 처벌하는 데 그치지 않고, 새로운 공화국을 세우기 위한 상징적 작업으로 이 재판을 활용했다. 이 점이 바로 드라마틱한 부분이다.

먼저 법적 기준을 살펴보자. 형법 제75조를 기본으로 했는데, 이 조항은 원래 반역죄를 다루던 것이었다. 그러나 이를 나치 점령기의 행위까지 확대 적용했다. 군사 기밀 누설이나 적과의 내통뿐만 아니라, 나치 협력 행위를 포괄하려 했다. 이 과정에서 소급 적용 논란이 일었다. 이전에는 합법적이었던 행위도, 점령기라는 특수한 상황에서 '죄'로 바뀌었다.

구체적인 판단 기준은 나치와의 직접 협력 여부였다. 비시 정부 (나치 독일의 프랑스 점령 후 수립된 친 나치 성향의 괴뢰 정부로, 청사가 비시 시에 있었기 때문에 비시 정부라 불렸다)의 고위 관리나 나치에 정보를 제공한 자들이 주요 대상이었다. 언론인과 지식인들은 더 엄격하게 처벌받았다. 특히 레지스탕스 탄압에 가담한 행위는 국가안보를 위협한 중범죄로 간주되었다.

재판에서 가장 큰 쟁점은 '협력'의 경계를 어디에 둘 것인가였다. 나치 점령기 동안 생존을 위해 나치의 명령을 따랐던 사람들까지 모두 반역자로 간주할 수는 없었다. 그러나 공직자나 언론인, 기업인처럼 영향력을 가진 사람들은 그들의 행위가 사회 전체에 끼친 영향을 기준으로 판단받았다. 한 언론인은 단지 나치의 검열 아래에서 신문을 발행했을 뿐이라 주장했지만, 재판부는 그의 글이 나치 선전에 이용되었다며 유죄를 선고했다. 이처럼 재판 과정은 개인의 행동을 평가하는 것을 넘어, 그 행동이 사회에 미친 영향을 분석하려는 시도가 있었다.

이 재판의 특징 중 하나는 정치적 고려가 깊게 얽혀 있었다는 점이다. 드골 정부는 새로운 공화국을 건설하는 과정에서 이 재판을 국민적 화합의 도구로 사용하려 했다. 문제는 모든 처벌이 공정하지 않았다는 것이다. 특히 언론인들과 지식인들은 나치와 협력했느냐를 떠나, 그들의 영향력을 고려해 엄격히 다뤄졌다.

부역죄로 처벌받은 이들의 직업군도 다양했다. 비시 정부의 고위 공직자들은 당연히 첫 번째 대상이었다. 외교관 중에서도 대사급 75%, 공사급 40%, 참사관급 25%가 처벌을 받았다. 군 장교도 예외는 아니었다. 10,270명이 조사를 받았고, 650명이 파면되었으며, 2,570명이 전역 조치됐다. 이 수치는 당시 프랑스 군대 내부에서도 얼마나 깊은 숙청이 이루어졌는지를 보여준다. 군 내부 문서에 따르면, 몇몇 장교들은 나치와 접촉했다는 이유만으로도 혐의를 받았다고 한다. 이것은 군 내부에서조차 두려움과 불신을 조장하는 결과를 낳았다.

경제적 협력자들도 빠지지 않았다. 나치 점령군에 물자를 제공하거나 거래한 기업인들이 주요 대상이었다. 당시 경제적 협력은 국가적 정체성을 훼손한 것으로 간주됐다. 나치에게 물자를 제공한 대가로 이익을 챙긴 사업가가 전후 재판에서 재산을 몰수당하는 경우도 있었다.

이 재판은 프랑스 사회에 큰 영향을 미쳤다. 긍정적인 면도 있었지만, 한계도 뚜렷했다. 과도한 처벌로 인해 억울하게 피해를 본 사람들이 적지 않았고, 법적 형평성 문제도 계속해서 제기되었다. 한편으로는 이런 숙청이 새로운 공화국 건설에 필요한 과정이었다고 보는 시각도 있다. 어느 쪽이든, 이 재판은 처벌 그 이상의 의미를 가진 역사적 사건으로 남아 있다. 그 복잡성과 아이러니가 바로 이 재판을 그렇게 흥미롭게 만드는 이유다.

파리 재판은 프랑스의 과거를 정리하고 새로운 미래를 건설하려는 시도였다. 그러나 그 과정에서 정의와 복수, 법과 윤리, 정치적 필요성과 개인의 권리가 충돌했다. 이 모든 요소들이 얽히고설킨 이 사건은 프랑스 역사에서 중요한 교훈을 남겼다. 역사란 항상 단순하지 않고, 그 복잡성 속에서 우리는 중요한 질문을 던지게 된다. 파리 재판은 바로 그런 질문들을 던지는 사건이었다.

프랑스 법률

프랑스의 반역자 청산 과정에서 법률은 새로운 공화국을 설계하는 청사진과 같은 역할을 했다. 드골 정부는 법을 통해 정의를 실현하면서 동시에 정치적 메시지를 전달하려 했다. 이것은 법 적용을 넘어선 복잡한 과정이었다.

먼저, 형법 제75조의 확대 적용을 살펴보자. 이 조항은 원래 군사기밀 누설이나 적과 내통한 자를 다루는 것이었으나, 나치 점령기 동안의 협력 행위까지 포괄하도록 확장되었다. '적과 내통'이라는 표현은 단순해 보이지만, 재판에서 그 해석이 매우 광범위해졌다. 나치와 직접 협력한 사람과 그들의 정책을 묵인하거나 간접적으로 도운 사람들까지 처벌 대상이 되었다. 나치의 요구에 따라 식량을 제공한

농부도 이 조항으로 처벌받았다. '협력'이라는 단어가 이렇게 무거운 의미를 지니게 될 줄은 누구도 예상하지 못했을 것이다. 심지어 침묵하거나 반항하지 않았다는 이유만으로 부역 혐의를 받은 사례도 있었다. 당시 프랑스 사회에서는 생존을 위한 행위와 적극적인 협력의 경계가 모호해졌고, 법적 판단의 기준도 불분명해졌다. 재판정에서는 이러한 경계가 더욱 혼란스러워졌으며, 많은 피고인들은 자신의 행동이 생존 본능에서 비롯된 것임을 강조하며 항변했다. 생존과 협력의 경계가 흐릿한 상황에서 드골 정부가 정의를 실현하려 했던 복잡한 문제를 보여준다.

다음으로 소급 적용 특별법을 살펴보자. 이 법은 과거에 합법적이었던 행위를 나중에 불법으로 규정하고 처벌하는 것으로, 법적 논란을 피할 수 없는 조치였다. 그러나 드골 정부는 이러한 비판을 무릅쓰고 특별법을 제정했다. 그 이유는 "그때는 맞고 지금은 틀리다"라는 단순한 논리였다. 역사적 맥락에서 이해할 수 있지만, 당시 많은 사람들은 이 법이 공정하지 않다고 느꼈다. 1940년대 초반 비시 정부의 하급 공무원으로 일했던 사람들은 생계를 유지하기 위해 일했을 뿐이라고 주장했지만, 나중에 반역자로 낙인찍혔다. 공정성과 정치적 필요성이 충돌한 대표적인 사례였다. 특히 하급 공무원이나 지역 행정가들은 나치의 명령을 거부할 수 없는 상황에 처해 있었고, 그들은 자신의 행위가 생존을 위한 것임을 강조했지만 재판부는 이를 받아들이지 않았다. 이러한 판결은 국가적 책임을 개인에게 전가하는 것이라는 비판을 받았으며, 사회적 균열과 상처를 더욱 깊게 만들었다.

'부역죄'라는 특별법도 이 시기에 도입되었다. 이 법은 나치 점령기 동안 비시 정권의 명령을 따랐던 국민들을 처벌하기 위해 만들어졌으며, 그 핵심은 국민 자격 박탈이었다. 감옥에 보내는 것이 아니라 시민으로서의 모든 권리를 박탈하는 것이었다. 선거권, 공직 진출권, 심지어 전문직 종사 자격까지 박탈당한 이들은 사회적으로 완전히 고립되었다. 특히 언론인과 작가들이 이 법으로 대거 처벌받았다. 나치 점령기 동안 15일 이상 신문을 발행한 사람들은 모두 이 법에 걸렸다. 당시 언론의 자유는 사치품이나 다름없었다. 몇몇 작가와 언론인들은 단지 생계를 위해 글을 썼다고 항변했지만, 재판부는 그들의 글이 나치 선전에 기여했다며 이를 받아들이지 않았다. 당시 사회에서 언론이 가진 영향력에 대한 두려움을 반영한 것이기도 했다. 드골 정부는 언론을 도덕적 기준으로 삼으려 했지만, 결과적으로 언론의 독립성을 약화시키는 부작용을 초래했다.

1964년 제정된 '반인도적 범죄 공소시효 폐지법'은 프랑스의 과거사 청산에서 또 다른 중요한 법적 도구였다. 이 법은 반역자나 나치 협력자들을 처벌할 수 있는 기간을 사실상 무기한으로 늘렸다. 해외로 도피한 자들까지 추적해 처벌할 수 있게 한 이 법은 유럽 사회에서도 큰 주목을 받았다. 그러나 전쟁이 끝난 지 20년이 넘은 시점에서 이런 법이 등장한 이유에 대해 의문을 제기하는 목소리도 있었다. 일부는 이를 정치적 도구로 사용하려는 의도라고 비판했다. 그러나 이 법은 법적 처벌을 넘어 인류 보편적 정의를 실현하고, 반인도적 범죄에 대한 국제적 기준을 정립하려는 시도였다. 인류애와 정의라는 보편적 가치를 위한 도전이었으며, 전쟁범죄와 관련된 국제법 발전에도 큰 영향을 미쳤다.

프랑스 전역에서 부역 혐의로 처벌받은 사람들은 각자의 방식으로 이 충격을 견뎌야 했다. 시민권을 박탈당한 사람들은 더 이상 투표할 수도, 공직에 나갈 수도 없었고, 특정 직업군에 종사할 권리도 박탈당했다. 이들은 사회적으로, 경제적으로 완전히 고립되었다. 많은 이들이 프랑스를 떠나 다른 나라로 이주하거나 은둔 생활을 선택했다. 한 비시 정부 관료는 부역 혐의로 시민권을 박탈당한 후 가족과 함께 캐나다로 이주해 평생을 조용히 보냈다. 프랑스의 정의 실현 과정이 개인의 삶에 얼마나 심각한 영향을 미쳤는지를 보여준다. 그러나 이 과정에서 억울하게 처벌받은 이들도 많아, 시간이 지나면서 이러한 처벌에 대한 비판이 커졌다. 일부는 재심을 통해 명예를 회복했지만, 그 과정에서 많은 시간을 잃어야 했다. 프랑스 사회가 정의와 복수 사이에서 얼마나 복잡한 딜레마를 겪었는지를 잘 보여준다.

1950년대 후반부터 프랑스 사회에서는 점차 화해와 관용의 분위기가 형성되었다. 전후 사회가 과거보다는 미래로 나아가려는 움직임의 일환이었다. 많은 부역자들이 사면되거나 감형을 받았고, 프랑스 사회는 과거의 상처를 봉합하려 했다. 그러나 이러한 변화는 또 다른 논란을 불러일으켰다. 과거의 잘못을 용서하는 것이 옳은 일인가, 아니면 정의를 끝까지 추구해야 하는가? 이 질문은 프랑스 사회에서 여전히 뜨거운 논쟁거리로 남아 있다. 화해의 움직임 속에서도 일부는 이러한 관용이 역사를 잊게 만들 위험이 있다고 경고했다. 용서와 화합의 문제가 아니라, 역사적 정의와 윤리적 책임에 대한 논쟁으로 확장되었다.

프랑스의 반역자 청산 과정은 국가의 정체성을 재구축하고, 과거를 정리하며 새로운 사회를 건설하려는 시도였다. 그러나 그 과정에서 많은 사람들에게 깊은 상처와 논란을 남겼다. 정의와 복수, 용서와 관용 사이에서 프랑스는 자신만의 길을 찾으려 했지만, 그 여정은 결코 쉽지 않았다. 법이란 그 시대의 고민과 선택을 담고 있다는 점에서, 프랑스의 이 과정은 많은 교훈을 남긴다. 프랑스의 반역자 청산 역사는 과거를 바라보는 시각과 미래를 설계하는 방법에 대한 복잡한 질문들을 던지고 있으며, 이러한 질문은 오늘날에도 여전히 유효하다. 역사를 배우는 이들에게 중요한 성찰의 기회가 될 것이다.

한국의 계엄

5.18 광주 민주화 운동은 하나의 장대한 드라마로 기억된다. 이 드라마의 무대는 광주였고, 주인공은 시민들이었다. 총성과 함성, 그리고 고요 속에 묻힌 진실이 배경음악이었으며, 비극으로 시작한 이야기의 여운은 지금도 생생하다. 5.18은 현재에도 숨 쉬는 역사의 일부다.

1979년 10월, 박정희 대통령의 암살로 한국 정국은 격랑 속으로 빠져들었다. 그의 정권 말기에는 경제성장과 함께 심각한 사회적 불균형이 나타났다. 노동자들은 열악한 근로 조건과 저임금에 시달렸고, 학생들은 정부의 탄압으로 학문과 사상의 자유를 제한받았다. 유신 체제는 장기 집권을 위해 국민의 기본권을 억압하며 민주주의를 후퇴시켰다. 박정희의 죽음은 권력 공백을 초래했고 신군부의 쿠데타로 이어졌다. 1980년 5월 17일, 신군부는 전국에 계엄령을 확대하며 대학을 폐쇄하고, 집회와 결사를 금지했다. 압력밥솥을 막아둔 것과 같았고, 그 압력은 광주에서 폭발했다.

5월 18일, 전남대학교 학생들이 거리로 나섰다. 그들은 학문의 자유와 군부 독재 중단을 외쳤다. "우리는 폭도가 아니다"라는 구호가 거리를 메웠다. 학생들의 외침은 자유와 정의를 향한 열망이었지만, 계엄군의 곤봉과 총탄이 그들을 맞이했다. 군화에 짓밟힌 학생들의 외침은 더 큰 불길로 번졌고, 시민들이 그 흐름에 합류하며 시위는 도시 전체의 항쟁으로 확대되었다.

광주는 함성의 바다로 변했다. 상점 주인은 셔터를 내리고 시위에 합류했고, 노점상은 물과 먹을 것을 나눠주었다. 교회는 부상자들의 피난처가 되었고, 병원에서는 헌혈 행렬이 이어졌다. 계엄군의 폭력적 진압은 광주의 결속력을 더 강화했다. 실탄까지 사용한 군의 무자비한 진압은 광주의 거리를 피로 물들였지만, 시민들은 목숨을 걸고 저항했다.

시민들은 스스로를 조직화하며 시민군이라는 이름 아래 무장했다. 도청을 중심으로 한 시민군의 조직은 질서와 연대를 보여주었다. 병원에서는 부상자를 치료하기 위한 헌신이 이어졌고, 식당에서는 무료로 음식을 나누며 서로를 돌보았다. 도청을 지키는 시민군은 마지막 순간까지 투지를 잃지 않았다.

5월 27일 새벽, 계엄군은 '화려한 휴가' 작전으로 도청을 점령했다. 그날의 도청은 공포와 절망이 교차하던 공간이었다. 시민군의 최후는 비극적이었고, 공식적으로 166명이 사망하고 54명이 행방불명되었다. 도청 안에서 최후까지 저항했던 시민군의 이야기는 광주의 밤하늘을 떠도는 영혼처럼 잊히지 않는다.

도청 점령 후 광주는 조용해졌지만, 그 침묵은 슬픔과 분노로 가득 차 있었다. 그러나 시민들은 무너진 도청을 보며 "여기가 끝이 아니다"라고 스스로를 다독였다. 도청의 잔해 속에서 살아남은 이들은 자신들의 이야기를 세상에 전하기 시작했다. 희생자들의 이름은 명단이 아니라, 한 사람 한 사람의 생명이었다.

5.18은 처음에는 신군부에 의해 '폭동'으로 왜곡되었지만, 시간이 지나며 진실이 드러났다. 이 사건은 한국 민주화 운동의 상징이 되었고, 1987년 6월 항쟁과 직결되었다. 5.18은 대한민국 전체의 이야기였다. 민주주의는 광주에서 시작된 작은 불꽃으로 타오르기 시작했고, 결국 전국으로 퍼져나갔다.

5.18의 가장 큰 의의는 민주주의를 향한 시민의 열망과 희생을 보여준 점이다. 광주 시민들은 미래 세대를 위해 자유와 정의를 외쳤다. 그들의 희생은 1980년대 전국의 민주화 운동가들에게 영감을 주었고, 한국 민주주의의 기반이 되었다.

광주의 항쟁은 민주주의의 중요성을 일깨워주는 계기가 되었다. 시민들이 자신들의 목소리를 내기 위해 거리로 나왔다는 이유로 탄압받았다는 사실은 민주주의가 제도적 틀에 갇혀 있는 것이 아니라, 사람들의 삶과 연결되어 있음을 상기시켰다. 5.18은 현대 한국 사회에서 정의와 평등을 논할 때마다 소환되는 중요한 기준점이 되었다.

국내 언론은 신군부의 통제 아래 5.18을 '폭동'으로 왜곡 보도했다. 공영 방송사들은 군의 시각에 입각한 보도를 반복하며 시민들의 저항을 혼란으로 몰아갔다. 그러나 해외 언론은 달랐다. 독일 기자 위르겐 힌츠페터는 광주의 참상을 생생하게 기록해 국제 사회에 알렸다. 그의 보도는 전 세계를 충격에 빠뜨렸고, 광주는 국제적 민주화 운동의 상징으로 자리 잡았다.

오늘날 5.18은 국가 기념일로 지정되어 해마다 추모된다. 5.18의 정신은 헌법 개정 논의와 인권 보호 운동에서 중요한 참고 사례로 언급된다. 청소년과 대학생들에게 민주주의의 소중함을 알리기 위한 교육 프로그램에서도 5.18은 필수적인 역사적 사례로 다뤄진다.

5.18의 기억은 희생과 고통에 머무르지 않는다. 그것은 미래를 위한 약속이기도 하다. 매년 열리는 기념식에서 들리는 노래는 민주주의를 지켜나가자는 다짐이다. 광주의 거리에 세워진 기념비와 묘지는 후손들에게 민주주의의 소중함을 가르치는 교육의 현장이다.

5.18은 결코 잊히지 않을 것이다. 그것은 기록을 넘어 현재와 미래

를 위한 교훈이다. 민주주의는 피와 희생 위에 서 있으며, 그 희생을 기억하는 한 더 나은 내일을 꿈꿀 수 있다. 5.18의 정신은 민주주의를 위협하는 세력에 맞서 싸우는 모든 이들에게 영감을 준다. 희생은 끝이 아니라, 시작이라는 것을. 5.18은 살아 있는 미래의 이야기로 계속될 것이다.

5.18의 메시지는 아시아의 민주화 운동에도 영향을 미쳤다. 필리핀의 마르코스 독재 정권을 무너뜨린 시민 혁명과 동남아시아의 민주화 운동은 광주에서 얻은 영감을 언급하며, 광주는 국제적 연대와 민주주의의 상징으로 자리 잡았다.

그러나 아쉽게도, 이후에도 계엄은 반복되었다. 광주와 서울에서 반복된 계엄의 그림자는 우리가 역사를 얼마나 배우고 적용하지 못했는지를 증명한다. 이러한 반복은 우리에게 역사의 교훈을 제대로 배우고 되돌아볼 것을 요구한다.

관용의 나라 한국

5.18 광주 민주화 운동은 한국 민주주의 발전에 지대한 영향을 미쳤다. 이 사건은 민주주의를 향한 국민들의 열망과 신념이 맞닥뜨린 역사적 전환점이었다. 광주는 저항과 희생의 상징으로 자리 잡았다. 오늘날 5.18은 헌법 개정 논의에서 국민의 기본권 강화와 국가 권력의 남용 방지를 위한 중요한 사례로 거론된다. 또한, 시민 교육 프로그램에서는 민주주의와 시민 저항의 중요성을 가르치는 데 활용되고 있다. 이를 통해 새로운 세대는 민주주의를 단순히 주어진 체제가 아니라 지켜야 할 가치로 인식하게 된다. 이러한 교육적 활용은 5.18의 정신을 계승하고 사회적 의식을 고취시키는 데 기여하고 있다. 광주는 잊히지 않는 역사의 한 페이지이자, 미래를 위한 강렬

한 메시지로 남아 있다. 이 사건은 국민의 정체성과 자부심의 원천이 되었다.

광주 시민들은 그날 엄청난 희생을 치렀다. 공식적으로는 무려 사망자 154명, 행방불명자 70여 명, 부상자 3,208명 등 총 5,060명의 인명 피해가 집계되었다. 골목길과 병원마다 울음소리가 끊이지 않았고, 가족을 잃은 이들의 한숨은 광주 하늘을 가득 채웠다. 아이를 잃은 부모들의 통곡은 아직도 그 도시를 맴도는 듯하다. 부상자들 중에는 평생 후유증에 시달리며 살아가는 이들도 많았다. 총상, 구타, 정신적 트라우마는 그들의 삶을 송두리째 바꿔놓았다. 이들은 역사의 증인이자 생생한 기억의 보유자다. 광주의 거리는 희생자들의 흔적을 간직한 채 그날의 아픔을 기억하고 있다.

신군부는 이 혼란 속에서 오히려 권력을 더욱 공고히 했다. 광주의 항쟁은 신군부에 대한 거대한 도전이었지만, 역설적으로 이 사건을 계기로 군사적 통제를 강화하고 반대 세력을 억압했다. 김대중과 주요 재야 인사들은 내란음모 혐의로 구속되었고, 광주 시민들은 폭도로 낙인찍혔다. 군사 정권은 광주를 혼란의 중심으로 몰아가며 자신들의 권력 강화를 정당화했다. 언론은 "질서 유지를 위한 조치"라는 명목으로 계엄군의 폭력을 옹호하며 진실을 은폐했다. 이 과정에서 국민의 시야는 왜곡되었고, 광주의 고통은 권력 유지를 위한 도구로 전락했다.

광주 시민들은 항쟁 이후에도 사회적 낙인을 감내해야 했다. 언론과 정부의 왜곡된 보도로 인해 그들은 '폭도'라는 오명을 쓰게 되었고, 이로 인해 직장에서 해고되거나 지역 사회에서 고립되기도 했다. 특히 항쟁에 적극적으로 참여했던 이들은 감시와 불이익의 대상이 되었다. 학생들은 퇴학당하거나 차별을 겪었고, 상인들은 생계에 직접적인 위협을 받았다. 이러한 낙인은 광주 전체를 '불온한 도시'로 낙인찍는 결과를 낳았다. 시민들은 진실을 말하는 데 두려움을 느꼈고, 그들이 겪은 고통은 외부에 알려지지 않은 채 억압되었다. 진실을 말하고자 했던 이들은 침묵을 강요당했고, 항쟁에 참여한 이들은 공개적으로 자신들의 이야기를 할 수 없었다. 광주는 어두운 그림자 속에 갇혀 있었고, 살아남은 이들은 자신들의 행동이 정의로웠음을 증명하기 위해 끊임없이 싸워야 했다. 이러한 사회적 혼란은 이후 민주화 투쟁의 연료가 되었다. 진실을 밝히려는 노력은 개인적인 이야기가 아니라 역사적 정의를 찾는 과정이었다.

그러나 광주의 비극은 헛되지 않았다. 5.18은 1980년대 민주화 운동의 상징이 되었고, 1987년 6월 항쟁으로 이어졌다. 이 항쟁은 전 국민이 독재 정권에 맞서 싸운 결정적인 순간이었다. 광주는 민주주의를 위한 투쟁의 불씨였고, 그곳에서 흘린 피는 전국의 민주화 운동가들에게 영감을 주었다. 광주의 정신은 도미노처럼 퍼져 나갔고, 작은 도시에서 시작된 움직임은 결국 한 나라를 바꾸는 원동력이 되었다. 광주에서의 외침은 전 국민의 울림으로 변했고, 한국 민주주의 역사의 중대한 전환점이 되었다.

광주는 국민들에게 부정의한 국가 권력에 맞서 싸울 수 있다는 저항권의 모범을 보여주었다. 이 사건을 통해 국민들은 수동적 존재에서 벗어나 사회 발전의 주체로 자리 잡았다. 광주 시민들이 보여준 용기와 연대는 민주주의를 향한 국민들의 열망을 강화했다. 그날의 광주는 국민들이 스스로 행동할 수 있음을 증명한 현장이었다. 광주에 국한되지 않고 전국적으로 퍼져 나가 새로운 사회적 의식을 형성했다. 민주주의는 국민의 손으로 지켜야 한다는 자각은 광주의 산물이었다. 국민들은 이 사건을 통해 자신들의 권리가 국가에 의해 어떻게 억압될 수 있는지를 생생히 목격했다.

광주의 이야기는 예술과 문화를 통해 계속해서 살아 숨 쉬고 있다. 영화 <택시운전사>는 위르겐 힌츠페터 기자와 광주를 연결한 택시 운전사의 이야기를 통해 당시의 참상을 생생히 그려냈다. <화려한 휴가>는 광주 민주화 운동의 비극과 시민들의 용기를 다룬 대표적인 작품으로 꼽힌다. 문학에서도 한강의 소설 <소년이 온다>가 5.18의 아픔과 세대 간의 연결 고리를 깊이 있게 탐구했다. 이러한 작품들은 민주주의와 인권의 중요성을 예술적 형태로 전달하며 다음 세대에까지 광주의 정신을 이어가고 있다. 영화, 연극, 소설 등 다양한 매체를 통해 5.18의 정신은 대중들에게 전파되었고, 민주주의와 인권의 가치를 새롭게 조명하는 데 기여했다. 음악과 시, 그림을 통해 광주의 정신은 더욱 강렬하게 표현되었고, 다음 세대에게도 깊은 울림을 주고 있다. 예술 작품들은 광주의 아픔을 치유하며 희망과 용기를 전달하는 도구로 자리 잡았다.

5.18 광주 민주화 운동은 현재도 우리의 삶과 사회에 깊은 영향을 미치고 있는 살아 있는 역사적 교훈이다. 민주주의와 인권이라는 가치가 얼마나 소중한지, 그리고 이를 지키기 위해 어떤 희생이 필요했는지를 끊임없이 상기시켜 준다. 광주의 정신은 시간의 흐름에도 불구하고 우리의 사회적 의식을 깨어 있게 만들며, 미래 세대에게도 민주주의의 중요성을 전달하는 역할을 한다. 역사의 한 페이지에 머물지 않고 우리 사회 전반에 뿌리내린 민주주의와 자유의 근간이 되어 왔다. 광주에서 시작된 정의와 인권의 물결은 지금도 끊임없이 흐르며, 더욱 공고한 민주사회의 초석으로 자리 잡고 있다.

진실을 말하자면, 제대로 된 처벌이 이루어지지 않았다. 이것은 법적 조치의 미흡을 넘어 사회 전반의 구조적 문제를 드러낸다. 특히, 이 문제는 법률의 부재나 적용의 부족으로 설명할 수 있는 것이 아니다. 당대의 권력 구조와 사회적 분위기, 그리고 진실을 은폐하려는 집단적 의지가 만들어낸 복합적인 결과였다. 만약 그 시점에서 철저한 조사와 책임 추궁이 이루어졌다면, 역사는 조금은 다른 방향으로 흘렀을 것이다. 하지만 그러지 못했다. 법과 제도가 힘을 잃었고,

진실이 묻혔으며, 피해자들은 그 고통을 오롯이 감내해야 했다. 이러한 실패는 단지 당시의 문제로 끝난 것이 아니라, 이후에도 반복될 가능성을 열어두었다. 사회가 정의와 책임을 외면하면, 결국 신뢰의 위기로 이어지고, 공동체의 지속 가능성을 위협하게 된다.

언론도 처벌받지 않았다. 당시 왜곡된 보도는 신군부의 입맛에 맞는 내용으로 가득했다. 주요 일간지들은 광주 시민들을 '폭도'로 묘사하며 계엄군의 과도한 진압을 정당화했다. 조선일보는 '질서 유지를 위한 필요 조치'라는 논조로 계엄군의 행동을 옹호했고, 방송사들은 시민군의 저항을 무장 폭력으로 편향되게 보도했다. 이러한 왜곡은 광주 시민들에게 씻을 수 없는 상처를 남겼고, 사건의 진실이 제대로 알려지는 데 큰 장애물이 되었다. 왜곡된 언론 보도는 국민들의 인식에까지 영향을 미치는 심각한 문제로 이어졌다. 보도와 진실 은폐는 사건의 상처를 더욱 깊게 만들었다. 왜곡된 보도는 잘못된 정보 전달에 그치지 않고, 진실을 외면하고 권력의 입맛에 맞는 메시지를 확산시키는 도구로 사용되었다. 광주의 시민들이 흘린 피와 외침은 정당한 투쟁으로 받아들여지지 못하고, 왜곡된 언론 보도로 인해 오히려 비난과 오해를 받아야 했다. 언론이 권력의 도구로 전락하면서 진실을 말해야 할 의무를 저버린 것은 후대의 민주주의에 큰 상처를 남겼다. 이것은 언론의 본질과 사명을 철저히 왜곡시킨 사례로, 이후에도 한국 사회에서 언론의 책임과 독립성이 끊임없이 논의되고 재평가되는 계기가 되었다.

　직접적인 주모자와 동조자들도 처벌받지 않았다. 정의 실현의 기본 원칙조차 무시되었음을 보여준다. 당시 사건의 주요 계획자와 실행자들은 명백한 증거에도 불구하고 책임을 회피하거나 법의 심판을 피했다. 책임 있는 자들이 제대로 처벌받지 않는다면, 사회는 동일한 오류를 반복할 수밖에 없다. 이러한 실패는 과거의 문제로 끝나지 않고, 지속적으로 사회적 불신과 불안을 조장한다. 특히, 책임자 처벌의 부재는 법과 정의의 공정성을 훼손하여 국민들에게 실망과 냉소를 안겨주었다. 현재와 미래의 정의 구현에도 부정적인 영향을 미칠 수밖에 없다. 이러한 문제를 극복하지 않는다면, 사회는 끊임없이 과거의 실수를 되풀이하며 진정한 성장을 이루지 못할 것이다.

　사회에는 큰 비극이나 사건이 발생할 수 있다. 이를 막는 것이 최선이지만, 완벽한 세상이 아닌 이상 문제는 항상 발생하기 마련이다. 사회는 유기체와 같아서 살아 있는 동안 수많은 문제와 어려움에 직면하게 된다. 중요한 것은 그 이후의 대처다. 만약 우리 사회가 제대로 된 처벌과 개혁을 실행하고, 발생한 문제를 교훈 삼아 미래에 있을 유사한 사건에 대해 철저히 고민하고 대비했다면 어떻게 됐을까? 우리는 이러한 비극을 통해 배워야 한다. 배움이 없다면 역사는 반복된다.

비극은 한순간의 아픔으로 끝나지 않는다. 그것은 사회 구조의 결함과 우리 모두의 태만을 드러낸다. 제대로 된 처벌과 책임 규명 없이 문제를 덮는다면, 그 결함은 다른 형태로 언제든 재현될 것이다. 계엄이나 대형 참사 같은 극단적인 사건에만 국한되지 않는다. 우리의 일상 속에서도 작동하는 메커니즘이다.

우리는 왜 같은 일을 반복할까? 같은 패턴의 비극과 참사를 겪어야만 할까? 계엄, 다시 계엄. 참사, 다시 참사. 탄핵, 다시 탄핵. 이 악순환을 끊으려면 무엇이 필요할까? 지금이라도 우리 사회가 더 철저히 돌아보고, 정의와 공정성을 실현하며, 미래 세대에 부끄럽지 않은 역사를 남겨야 한다. 비극 이후의 사회적 논의와 성찰이 없다면, 우리는 끝없이 같은 오류를 반복하며 사회의 기반을 약화시키게 될 것이다. 제대로 돌아가는 사회란 문제가 없는 사회가 아니라, 문제를 마주하고 극복해가는 사회다.

그렇지 않으면 앞으로도 다시 계엄이 생길 것이다. 이번보다 더 무섭고 강압적인 방식으로 돌아올 가능성이 크다. 하지만 이 문제는 계엄에만 국한되지 않는다. 이 나라에서 끊임없이 발생하는 대형 참사 사고도 이와 비슷한 흐름에서 생각해 볼 수 있다. 우리는 왜 같은 일을 반복할까? 무언가 끊임없이 변하지 않는 고질적인 문제가 있는 것은 아닐까? 같은 패턴의 비극과 참사를 겪고도 우리는 그저 안타까움으로 끝내고 있는 건 아닐까?

무언가 제대로 사회가 돌아가야 하지 않을까? 돌아간다는 것은 겉으로 보이는 안정이 아니라, 진정으로 정의롭고 공정한 체제를 의미해야 한다. 우리는 문제를 미루거나 덮어두는 데 익숙해져 있는 것은 아닐까? 마치 계엄처럼, 대형 참사는 기술적 결함이나 관리의 실패로만 발생하지 않는다. 그것은 사회의 구조적 결함과 연관이 깊다. 문제를 깊이 들여다보고, 근본적인 해결책을 모색하는 노력이 없다면, 우리는 앞으로도 같은 비극을 되풀이하게 될 것이다.

우리는 지금이라도 멈춰야 한다. 과거를 돌아보고, 그곳에서 배운 교훈을 바탕으로 미래를 설계해야 한다. 그렇지 않으면 다시 계엄, 다시 참사, 다시 탄핵이라는 악순환 속에서 헤어 나오지 못할 것이다. 이번보다 더 강력한 비극이 닥치기 전에, 우리는 문제를 마주하고 근본적인 변화를 모색해야 한다.

독일 재건의 시작

2차 세계대전 이후 독일의 헌법은 완전히 새로운 출발을 한 것 같다. 독일은 전쟁 후 놀라울 정도로 빠르고 체계적으로 자기반성을 진행한 나라로, 그런 사례를 찾기 어려울 정도다. 나치 전범 재판을 통해 과거의 범죄를 철저히 심판하고, 과거사 연구와 교육을 통해 다음 세대가 같은 실수를 반복하지 않도록 노력했다. 또한, 전쟁 피해국과의 관계를 회복하기 위해 사과와 보상을 병행하며 국제사회의 신뢰를 회복하는 데 주력했다. 이 모든 과정의 중심에는 '기본법'이 있었다. 이름은 단순하지만 그 역할은 매우 깊고 심오하다. 이제 이를 더 깊이 있고 세부적으로 살펴보자.

1949년 5월 23일, 독일은 '기본법'(Grundgesetz)을 채택했다. 독일이 대청소를 마치고 새 출발을 선언한 순간과 같다. 기본법의 목적은 명확했다. 나치의 잔혹 행위를 다시는 반복하지 않겠다는 결의와 민주주의 국가로의 재탄생을 선언하는 것이었다. 그러나 이 과정은 결코 쉽지 않았다. 전쟁으로 폐허가 된 나라를 재건하면서, 경제적 부흥뿐만 아니라 국가 정체성을 재정립할 필요가 있었다. 이를 위해 학자, 정치인, 시민단체 등이 참여해 깊은 논의를 거쳤고, 그 결과 기본법은 나치 시대의 비극을 반복하지 않겠다는 결의와 국제사회의 신뢰 회복을 동시에 담아냈다.

기본법 제1조는 "인간의 존엄성은 침해될 수 없다"로 시작한다. 나치 시절 인간 존엄성을 유린했던 과오에 대한 반성과 결의를 나타낸다. 이 문구는 독일의 모든 법적, 정치적, 사회적 결정의 근간이 되었다. 교육 제도부터 사회 복지 정책, 노동법까지 광범위한 분야에 영향을 미치며, 독일 국민의 삶 속에서 지속적으로 실천되고 있다. 인간 존엄성은 철학적 개념을 넘어 독일 사회를 움직이는 실제 동력이 되었다.

기본권 보장도 중요한 요소다. 종교의 자유, 표현의 자유, 법 앞의 평등 등은 당시에는 혁명적인 개념이었다. 권리를 선언하는 데 그치지 않고, 이를 침해받을 경우 구제받을 수 있는 법적 장치를 마련했다. 노동자들은 부당한 대우를 받을 경우 법적 보호를 받을 권리를 갖게 되었고, 이것은 독일의 노동 환경과 경제 발전에 긍정적인 영향을 미쳤다. 기본권은 이제 독일 국민의 삶에 깊이 뿌리내린 신념이자 생활 방식이 되었다.

독일은 연방제 국가로, 각 지역이 자율성을 갖는 시스템을 잘 활용하고 있다. 각 주는 교육, 치안, 문화 정책을 독자적으로 수립할 수 있으며, 지역적 다양성을 존중하면서도 국가 전체의 통합성을 유지하는 데 기여한다. 그러나 이 시스템은 중앙 정부와의 의견 충돌을 일으키기도 하는데, 이때 기본법이 중재자 역할을 하며 균형 잡힌 해결책을 제시한다. 연방제는 정치적, 경제적, 사회적 측면에서 다양한 의견과 문화를 존중하는 기반이 된다.

처음에는 통일 독일을 대비한 임시 헌법으로 만들어졌지만, 그 구조와 내용이 너무 철저하고 미래 지향적이어서 통일 후에도 그대로 적용될 수 있었다. 독일 국민이 기본법에 대한 강한 신뢰를 갖게 된 이유 중 하나다. 기본법의 "임시적" 성격은 오히려 유연성과 개방성을 유지하는 데 도움이 되었고, 독일 사회가 변화하는 세계에 적응할 수 있도록 했다.

기본법은 1949년 이후 62번 개정되었다. 서방과의 관계 강화, 유럽 통합, 독일 통일 등 시대의 변화에 맞춰 꾸준히 업데이트되었다. 특히 독일 통일 과정에서 기본법은 필수적인 역할을 했다. 동독 주민들이 통일 독일의 법적 체계에 적응할 수 있도록 유연성을 발휘했고, 경제적, 사회적 격차를 줄이기 위한 특별 조치도 가능하게 했다.

1990년 독일 통일 후 동독 지역에도 기본법이 적용되었지만, 초기에는 동독 주민들이 적응하는 데 어려움을 겪었다. 그러나 시간이 지나면서 기본법이 제공하는 법적 안정성과 민주적 제도가 동독 주민들의 신뢰를 얻었고, 점진적으로 심리적 통합을 이루는 데 기여했다. 통일 10년 후 동서독 주민 간 신뢰 수준은 60% 이상으로 상승했으며, 기본법의 안정성이 큰 역할을 했음을 보여준다.

기본법은 독일 민주주의의 핵심이다. 75년 동안 그 자리를 굳건히 지키며 정치적 위기 때마다 국가의 안정성을 유지하는 데 기여했다. 1960년대의 정치적 혼란기나 2008년 금융 위기 때에도 기본법은 국가의 신뢰성을 유지하는 데 중요한 역할을 했다. 민주주의는 기본법을 통해 일상 속에서 실천되고 있다.

독일의 기본법은 다른 나라들에게도 영향을 미쳤다. 독재 체제에서 벗어나려는 나라들이 독일의 사례를 참고하는 경우가 많다. 기본법이 민주주의를 구현하는 가이드북 같은 역할을 한다는 것을 의미한다. 남아프리카공화국은 아파르트헤이트 종식 후 새로운 헌법을 제정할 때 독일 기본법에서 많은 영감을 얻었다.

기본법은 민주주의를 위협하는 세력을 막기 위한 법적 장치도 마련했다. 극단주의 정당을 법적으로 금지할 수 있는 조항이 그 예이다. 바이마르 공화국 시절의 실패를 교훈 삼은 것이다. 이러한 방어적 민주주의 원칙은 독일 사회가 안정성을 유지하는 데 크게 기여했다.

기본법은 헌법재판소에 강력한 권한을 부여했다. 이 재판소는 헌법을 해석하고 기본권을 보호하는 데 중요한 역할을 한다. 특히 정치적 갈등 상황에서 중립적이고 명확한 판결을 통해 국가 운영의 균형을 잡아준다. 독일 국민이 헌법재판소를 신뢰하는 이유 중 하나다.

기본법은 정당의 중요성을 인정하고 그 역할을 명시했다. 이로 인해 독일은 다당제 구조를 유지하며 다양한 목소리가 반영될 수 있는 정치 시스템을 구축했다. 이는 독일 정치가 극단으로 치닫지 않고 균형을 유지할 수 있는 중요한 기반이 되었다.

기본법은 시대 변화에 맞춰 유연하게 개정되어 왔다. 독일 민주주의가 탄탄하게 유지되는 이유 중 하나다. 디지털 시대의 도래와 같은 새로운 도전에 대응하기 위한 법적 기반도 마련하고 있으며, 환경 보호, 인공지능, 데이터 보호와 같은 새로운 주제들도 기본법의 틀 안에서 논의되고 있다.

독일 기본법은 민주주의의 심장과 같은 존재다. 독일은 이 기본법 덕분에 안정적이고 성숙한 민주주의 국가로 자리 잡았다. 기본법은 과거의 반성에서 멈추지 않고, 현재와 미래를 향한 지속적인 성찰과 발전의 도구로 기능하고 있다. 독일 사회는 지금도 이 헌법을 중심으로 한 단계씩 성장하고 있으며, 미래에도 기본법은 독일 국민의 삶과 사회를 이끄는 든든한 길 잡이로 남을 것이다.

인간의 존엄성은 불가침

계엄이라는 단어는 어딘가 낯설고 무거운 느낌을 준다. 역사 속에서 계엄은 나라를 지키기 위해 사용되기도 했지만, 남용된 경우가 더 많았다. 계엄이 왜 문제가 되었는지, 그리고 어떻게 개선할 수 있는지 이야기해보려 한다.

계엄은 극단적인 상황에서만 발동되어야 한다. 정치적 필요나 기분에 따라 선포되어서는 안 된다. 현재 법률상 '전시, 사변 또는 이에 준하는 상황'이라는 표현은 너무 모호하다. 특히 '이에 준하는'이라는 문구는 권력자가 상황을 자기에게 유리하게 해석할 여지를 남긴다. 정치적 시위를 폭력 사태로 간주하거나 애매한 위협을 과장해 계엄을 정당화할 수 있다. 따라서 구체적인 기준이 필요하다. 무력 충돌이나 국가 존립 위기와 같은 명확한 상황에서만 계엄을 선포할 수 있도록 해야 한다. 법의 모호함이 정치적 목적으로 악용되어서는 안 된다. 국가 비상사태는 법률적으로 명확히 정의되어야 하며, 이를 통해 권력자의 자의적 해석을 방지해야 한다.

계엄은 총칼이 난무하는 극단적 상황에서만 적용되어야 한다. 무력 충돌이나 반란과 같은 특정 상황으로 한정해, 함부로 사용되지 않도록 해야 한다. 시위나 집회로는 계엄을 발동할 수 없어야 한다. 국가 존립에 실질적이고 즉각적인 위협이 없는 한, 계엄은 선택지로 고려되어서도 안 된다. 무력 사용은 항상 최후의 수단으로 제한되어야 하며, 민간인 안전을 보장하는 특별 규정도 마련되어야 한다.

정부가 정치적 시위를 진압하기 위해 군대를 동원하는 일이 없도록 해야 한다. 이것은 헌법이 국민의 자유를 보호하기보다는 억압의 도구로 전락하는 결과를 초래할 수 있다.

계엄은 대통령의 독단적 결정으로 선포되어서는 안 된다. 국회가 이를 통제할 수 있어야 하며, 계엄 선포 전에 상세한 보고를 받고, 선포 후에도 정기적인 검토와 평가를 진행할 권한을 가져야 한다. 독립적인 전문가 위원회를 통해 계엄의 필요성과 지속 여부를 점검하는 것도 중요하다. 이를 통해 권력 남용을 방지할 수 있다.

사전 동의 제도를 도입해, 급하지 않은 상황에서는 계엄 선포 전에 국회의 동의를 받아야 한다. 긴급 상황에서는 사후 동의도 가능하지만, 기본적으로 국회와의 협의가 필수적이다. 대통령의 독단적 결정을 막고 민주적 절차를 강화하는 데 도움이 된다. 국회의 참여는 견제와 균형을 위한 핵심 과정이다.

현행법에서는 계엄 해제를 요구하려면 국회 재적 의원의 과반수가 필요하다. 이 기준을 1/3로 낮춰 국회가 더 쉽게 계엄 해제를 요구할 수 있도록 해야 한다. 신속한 대처와 국민의 기본권 회복을 가능하게 한다. 국민의 기본권이 침해되는 상황에서 빠른 대응은 민주주의의 생존과 직결된다.

국회가 계엄 해제를 요구했는데 대통령이 거부할 경우를 대비해, 일정 시간이 지나면 자동으로 계엄이 해제되도록 하는 규정을 도입해야 한다. 이것은 대통령의 무소불위 권력을 견제하고, 계엄이 장기화되지 않도록 보장한다. 특히 장기적 위기 상황에서 국가 권력의 남용을 방지하는 데 중요한 역할을 한다.

계엄은 법 위에 있지 않다. 사법기관이 이를 견제할 수 있어야 하며, 헌법재판소에서 계엄의 위헌성을 심사할 수 있도록 해야 한다. 이를 헌법에 명시해 대통령의 계엄 남용을 방지해야 한다. 특히 헌법재판소가 계엄 발동의 적법성을 판단할 수 있는 권한을 강화해야 한다. 이는 민주주의의 중요한 기둥으로 작용한다.

과거 사례를 보면, 계엄이 남용되었을 때 사법적 견제가 제대로 이루어지지 않았다. 이를 보완하기 위해 헌법재판소가 더 강력한 권한을 가지고 신속히 판단할 수 있도록 법적 절차를 마련해야 한다.

계엄 관련 소송은 신속히 처리되어야 한다. 계엄이 지속되면 국민의 기본권이 계속 침해되므로, 헌법재판소에서 특별 절차로 빠르게 결정을 내릴 수 있도록 해야 한다. 긴급 상황에서 법적 판단이 지연되면 국민의 피해가 누적될 수 있다. 이를 위해 긴급 심판을 위한 별도의 위원회를 구성하는 것도 고려할 만하다.

계엄 상태에서도 국민의 기본권을 무작정 제한해서는 안 된다. 제한 가능한 기본권과 제한할 수 없는 기본권을 명확히 구분해야 한다. 예를 들어, 집회나 시위의 자유는 제한될 수 있어도, 생명권은 절대 침해되어서는 안 된다. 정부가 국민의 권리를 마음대로 제한하지 못하도록 하는 중요한 기준이다.

기본권을 제한하더라도 그 본질은 훼손하지 않아야 한다. 표현의 자유를 제한한다고 해도 생각할 자유까지 막을 수는 없다. 기본권의 핵심을 보호하기 위한 최소한의 장치다. 국민이 자신의 권리를 완전히 잃지 않고, 인간으로서 존엄성을 유지할 수 있는 환경을 보장해야 한다.

독일은 헌법에 "인간의 존엄성은 불가침이다"라고 명시하며, 인간의 권리를 최우선으로 두고 있다. 반면, 한국 헌법은 국가 안보를 이유로 기본권을 제한할 여지가 크다. 두 나라의 역사적 배경 차이에서 비롯된 것이다. 독일은 나치 시대의 반성을 바탕으로 헌법을 설계했고, 한국은 전쟁과 독재의 경험 속에서 헌법이 만들어졌다. 독일의 사례는 인간의 권리를 보호하기 위한 헌법적 장치가 얼마나 중요한지를 보여준다.

계엄은 최후의 수단이어야 한다. 이를 남용하지 않으려면 헌법을 더 꼼꼼히 보완해야 한다. 특히 독일처럼 인간의 존엄성을 최우선으로 삼고, 계엄이 민주주의와 법치를 해치지 않도록 철저히 견제해야 한다. 이를 통해 국민이 계엄이라는 단어를 들었을 때 두려움보다는 믿음을 가질 수 있을 것이다. 계엄은 국가를 보호하기 위한 장치이지만, 동시에 국민의 권리를 침해하지 않는 선에서 작동해야 한다. 헌법의 보완은 이 균형을 맞추는 첫걸음이 될 것이다. 미래에도 국민의 권리가 지켜지는 나라를 만들기 위해 이 논의는 계속되어야 한다.

6장 새로운 시작을 위하여

독일의 정치

독일의 정당 체계에 대해 이야기해 보자. 특히 2차 세계대전 이후 독일 정치의 흐름을 이해하면 "아하, 그렇구나!" 하는 순간들이 찾아올지도 모른다. 독일 정치의 역사는 정당 간 경쟁을 넘어 사회적 가치와 경제적 이슈가 얽히고설킨 이야기를 담고 있다. 1950년대 이후 경제적 부흥을 이끈 기독교민주연합(CDU)과 사회적 평등을 주창한 사회민주당(SPD)의 갈등과 협력은 독일 정치의 핵심 축이었다. 또한, 2015년 난민 위기 당시 녹색당과 AfD의 극명한 대응은 현대 독일 사회의 분열과 통합을 동시에 보여주었다. 정치란 인류 역사의 거울이 아니던가?

먼저 극우 정당부터 살펴보자. 전쟁 이후 독일에서는 극우 정당이 거의 사라졌다. 나치즘의 끔찍한 역사를 겪은 독일은 극우적 성향을 억제하기 위해 많은 노력을 기울였다. 하지만 최근 등장한 "독일을 위한 대안(AfD)"이라는 정당이 있다. 이 정당은 2013년 창당된 후 불과 몇 년 만에 독일 정치의 주요 세력으로 떠올랐다. 처음부터 극우적 성향을 노골적으로 드러내진 않았지만, 유로화 반대와 EU 회의주의로 시작해 점차 반이민 정서를 내세우며 영향력을 키워왔다.

특히 2015년 난민 위기 이후 AfD의 지지율이 급상승했다. 난민 수용 문제는 이 정당에게 황금 같은 기회였다. 경제적 불안과 사회적 갈등을 부각시키며 지지층을 확장한 AfD는 현재 여론조사에서 22%의 지지율을 기록하며 제2당 자리를 차지하고 있다. 하지만 이들의 집권 가능성은 아직 불투명하다. 다른 정당들이 연합해 AfD를 견제하고 있으며, 특히 전통적인 정치 세력들이 AfD와의 연정을 거부하고 있기 때문이다. 그럼에도 불구하고 AfD의 지지층은 꾸준히 증가하고 있어, 독일 정치의 향방을 예측하기 어렵다. 독일뿐만 아니라 유럽 전역에서 극우 정당들이 영향력을 확대하는 추세와 맞닿아 있다.

다음으로 보수 정당을 살펴보자. 독일에는 기독교민주연합(CDU)과 기독교사회연합(CSU)이라는 전통적인 보수 정당이 있다. 이들은 중도우파로 분류되며, 보수적 가치와 사회적 시장경제를 지지한다. CDU와 CSU는 20세기 중반부터 오랜 기간 독일 연방정부를 이끌며 정치적 안정을 제공해왔다. 가톨릭 지역에서 강세를 보이던 이들의 종교적 색채는 시간이 지나며 약화되었고, 대신 경제 정책과 사회적 통합을 강조하며 다양한 계층의 지지를 얻고 있다. 이들은 전통적 가치를 유지하면서도 현대적 변화에 적응하려는 모습을 보이며, 국제적 협력과 유럽연합(EU) 내 독일의 리더십을 강조하며 안정을 중시한다.

이제 진보 정당으로 넘어가 보자. 사회민주당(SPD)은 독일의 대표적인 진보 정당이다. 원래 마르크스주의에 뿌리를 둔 SPD는 노동자 계급의 목소리를 대변했지만, 시대에 따라 변화했다. 이제는 중도 노선을 표방하며 환경 보호, 평등 사회, 노동자 권리 강화 등 현대적 의제를 수용하고 있다. 2003년 하르츠 개혁(Hartz Reforms)은 노동 시장을 유연화해 실업률 감소에 기여했지만, 일부 계층에서는 경제적 불안을 야기하기도 했다. 또한, SPD는 재생에너지 확대 정책을 주도하며 2010년대 에너지 전환(Energiewende)을 성공적으로 이끌었다. 교육, 의료, 복지 분야에서의 지속적인 발전을 약속하며 중산층과 저소득층의 지지를 받고 있는 SPD는 독일 사회의 포용력과 평등을 강화하는 데 주력하고 있다. 또한, 국제적 연대를 강조하며 인권과 민주주의의 가치를 유럽 전역에 확산시키고자 한다.

독일 정치판은 여기서 끝이 아니다. 자유민주당(FDP)과 녹색당 같은 정당들도 중요한 역할을 한다. FDP는 경제적 자유를 강조하며 중산층과 기업인들의 지지를 받고 있다. 반면 녹색당은 환경 보호와 사회적 정의, 인권, 지속 가능성을 강조하며 젊은 층과 도시 거주자들 사이에서 인기를 끌고 있다. 특히 2011년 독일 원전 폐쇄 결정에서 주도적인 역할을 하며 재생에너지 사용 확대를 이끌었다. 2020년대에는 기후변화 대응을 위한 탄소세 도입과 전기차 보조금 확대 정책을 통해 독일의 친환경 기술 발전에 기여했다. 녹색당의 정책은 국제적 기후 협정을 준수하며 독일을 녹색 기술의 글로벌 리더로 만드는 데 초점이 맞춰져 있다.

AfD에 대해 조금 더 깊이 알아보자. 이들은 나치즘과는 다르다고 주장하지만, "나치 시대는 독일 역사의 작은 새똥에 불과하다"는 식의 발언을 하곤 한다. 또한, "진정한 독일의 전통"을 강조하며 반이슬람, 반이민 정서를 부추기고 있다. 최근에는 틱톡이나 인스타그램 같은 소셜 미디어를 적극 활용해 젊은 층을 공략하고 있다. "진정한 남자는 우파다"라는 구호로 젊은 남성들의 지지를 얻으려는 모습은 독특하다. 이러한 접근은 독일의 역사적 트라우마를 이용해 지지층을 결집시키려는 의도로 보인다. 특히 경제적 불안감과 사회적 분열을 심화시키는 데 활용되고 있다.

AfD의 주요 정책도 주목할 만하다. 이들은 이민과 난민 정책에서 강경 노선을 취하며, 경제 정책에서는 유로화 폐지와 독일 마르크

화 재도입을 주장한다. EU에 대해서는 개혁 실패 시 탈퇴까지 고려하겠다고 밝혔다. 사회 정책에서는 다문화주의를 반대하고, 동성애와 젠더 평등 정책에도 부정적이다. 병역의무제 재도입과 사회복지 축소도 계획 중이다. 이들의 정책은 전통적 가치와 포퓰리즘적 요소를 결합해 지지층을 결집시키는 데 초점이 맞춰져 있다. 특히 경제적 불안을 부추기며 사회적 갈등을 이용하는 방식은 비판받을 만하다. 그럼에도 불구하고 AfD의 메시지는 독일 사회의 일부에서 공감을 얻고 있으며, 독일 정치의 불확실성을 높이는 요인으로 작용하고 있다.

독일 정치판은 현재 변화의 한가운데에 있다. 극우 정당인 AfD의 부상은 유럽 전체에 영향을 미치고 있다. 독일 정치의 역동성은 사회 전반의 변화를 반영하고 있다. 하지만 독일의 민주주의가 얼마나 탄탄한지, AfD가 얼마나 더 성장할지는 지켜봐야 할 문제다. 정치란 항상 예측하기 어려운 영역이기 때문에, 독일 정치의 미래는 시간이 알려줄 것이다. 그럼에도 독일의 정치 시스템은 안정적 기반 위에 놓여 있다는 점에서 희망적이다. 앞으로 독일 정치의 새로운 국면을 지켜보는 것은 분명 흥미로운 일이 될 것이다. 독일 사회의 다양한 목소리가 균형과 통합의 방향으로 나아가길 기대해 본다. 독일의 사례는 세계가 직면한 정치적 도전과 사회적 변화의 본보기가 될 수 있다.

독일의 언론

독일 언론의 역사를 살펴보면, 나치 시대의 충격과 교훈이 현대 독일 언론에 미친 영향은 매우 흥미롭다. 독일 언론은 그 암울했던 시절의 경험을 통해 언론 자유와 책임의 중요성을 깊이 깨달았으며, 이는 국가적 변화를 넘어 글로벌 미디어 역사에도 큰 영향을 미쳤다.

나치 시대의 가장 큰 교훈 중 하나는 언론의 자유와 독립성의 중요성이다. 나치 정권은 모든 미디어를 철저히 통제하며 대중의 사고 방식을 일원화했다. 요제프 괴벨스가 이끈 선전부는 라디오와 신문을 통해 유대인에 대한 혐오와 나치 이념을 체계적으로 확산시켰다. 특히 '폴크스엠파펭거(Volksempfänger)'라는 저가 라디오를 보급해 독일 가정마다 나치 선전이 흐르도록 했다. 이러한 통제는 정보의 다양성을 없애고 대중의 비판적 사고를 억압했다. 이 같은 역사적 비극은 현대 독일 언론이 독립성과 자유를 지키는 데 얼마나 중요한지를 보여주는 강렬한 교훈이 되었다. 나치 정권 아래 언론이 선전 도구로 전락했던 경험은 현대 독일 언론의 토대를 이룬다. 헌법은 이 자유를 명문화했고, 정부나 특정 세력이 언론을 통제하지 못하도록 보호 장치를 마련했다. 독일 언론은 정부의 견제 도구에 그치지 않고, 민주주의와 자유의 수호자가 되었다. 독일 사회가 비판적 사고와 표현의 자유를 얼마나 소중히 여기는지 보여주는 증거다.

언론의 자유와 독립성은 법적 보장이 아닌, 사회적 합의와 교육을 통해 강화되었다. 1949년 제정된 독일 기본법 제5조는 표현의 자유를 명시적으로 보장하며, 이를 위반하려는 시도는 국민적 저항에 부딪히곤 했다. 나치 정권의 철저한 통제 하에서 침묵했던 언론의 역사가 독일인들에게 자율적이고 비판적인 언론의 가치를 각인시킨 셈이다. 이 법적 기반은 독일 언론이 어려운 상황에서도 독립성을 유지할 수 있는 바탕이 되었다. 이런 자유는 선언에 그치지 않고, 교육과 지역 사회에서의 실천을 통해 더욱 강력해졌다.

또 다른 교훈은 다원주의와 다양성의 가치다. 나치 시대엔 하나의 목소리만 허용됐다. 현대 독일 언론은 이를 반면교사 삼아 다양한 관점과 의견을 존중한다. 신문, 잡지, 방송, 인터넷까지, 수많은 매체가 독자와 시청자들에게 다양한 목소리를 전달하고 있다. "여기서는 누구나 자기 목소리를 낼 수 있다"는 신념이 독일 언론의 근간이다. 이를 뒷받침하는 제도적 장치는 독일 전역에 걸쳐 운영되는 지역 신문과 공영방송 네트워크에서 잘 드러난다. 독일은 지역의 다채로운 이야기를 존중하며, 이를 통해 민주주의의 뿌리를 강화하고 있다. 이러한 접근은 언론 소비자들에게 더 넓은 시각과 정보의 균형을 제공한다.

선전과 조작의 위험성도 빼놓을 수 없다. 나치의 선전 기계는 대중을 조작하는 데 얼마나 효과적일 수 있는지를 보여줬다. 독일 사회는 이를 통해 비판적 사고의 필요성을 절실히 깨달았다. 현대 독일에서는 미디어 리터러시 교육이 중요하게 여겨진다. 2021년 독일 교육부 통계에 따르면, 전국 초중등 학교의 약 85%가 디지털 미디어 교육을 정규 커리큘럼에 포함하고 있다. 또한, 성인을 대상으로 한 미디어 리터러시 프로그램의 수가 2010년 이후 50% 이상 증가했다. 한 연구에서는 이 교육을 받은 학생들의 78%가 온라인 정보의 신뢰성을 비판적으로 평가할 수 있다고 답변했다. 이러한 데이터는 독일 사회가 미디어 교육을 통해 정보의 진위를 판별하는 능력을 효과적으로 배양하고 있음을 보여준다. 초중등 교육 과정에서부터 "모든 게 사실처럼 보이더라도, 직접 확인하라"는 가르침이 강조되며, 이 나라의 기본 철학이 됐다. 더불어 성인을 대상으로 한 언론 비평 프로그램과 워크숍이 활성화되어, 모든 연령대에서 비판적 시각을 기르도록 돕는다. 개인의 정보 소비 능력을 높이는 것에 그치지 않고, 사회 전체의 미디어 면역력을 강화하는 데 기여한다. 이러한 노력은 디지털 시대에 더욱 중요해졌으며, 가짜 뉴스와 혐오 표현 확산에 대한 대책으로 자리 잡았다.

윤리적 저널리즘의 중요성도 나치 시절의 교훈 중 하나다. 그 시대의 언론은 윤리적 실패의 본보기였다. 현대 독일 언론은 이 점을 깊이 새기며 윤리 기준을 높이고 이를 엄격히 준수한다. 이를 통해 언론은 정보를 전달하는 데 그치지 않고, 사회적 책임까지 지고 있다. 독일 언론평의회는 이러한 윤리 기준의 적용을 감독하며, 특정 매체가 이를 위반할 경우 투명하게 제재를 가한다. 이것은 언론사의 신뢰를 유지하는 핵심 기제로 작동한다. 또한 이러한 윤리적 접근은 독자와 시청자에게 신뢰받는 언론 환경을 조성한다. 이러한 윤리적 노력은 국제 사회에서 독일 언론의 명성을 더욱 강화하는 데 기여했다.

정치적 영향력으로부터의 독립은 독일 언론이 특히 강조하는 부분이다. 나치 시대의 통제 경험은 독일 공영방송의 운영 방식에도 영향을 미쳤다. 방송 이사회에 다양한 사회 계층의 대표를 포함시켜 특정 세력의 영향력을 제한한다. 예컨대, ZDF와 ARD 같은 공영방송은 "국가로부터의 자유(Staatsfreiheit)"를 핵심 원칙으로 삼아, 정치적 압력으로부터 독립된 프로그램 제작을 보장받는다. 공영방송은 독일에서 정보 제공자 역할을 넘어, 문화적 다양성을 반영하고 독립적인 저널리즘의 모델을 제시한다. ZDF의 "프론탈21(Frontal21)"과 같은 탐사보도 프로그램은 정치와 사회 문제를 깊이 있게 다루며, 권력층의 비리를 폭로하는 데 중점을 둔다. 또한 ARD의 "타게스샤우(Tagesschau)"는 독일 내 가장 신뢰받는 뉴스 프로그램으로, 주요 뉴스를 정확하고 균형 있게 전달하려는 노력을 기울이고 있다. 이러한 프로그램들은 공영방송이 민주주의 사회에서 정보의 투명성과 신뢰를 높이는 데 기여하는 대표적인 사례로 꼽힌다. 이들은 독일 사회의 균형과 통합을 유지하는 데 중추적인 역할을 맡고 있다. 정치적 독립을 보장하기 위한 이러한 구조는 유럽의 다른 국가들에서도 모델로 평가받고 있다.

소수자 보호와 혐오 표현 방지도 중요한 부분이다. 나치 선전은 유대인과 다른 소수 집단을 악마화하는 데 앞장섰다. 이를 반면교사 삼아, 현대 독일 언론은 소수자를 보호하고 혐오 표현을 철저히 경계한다. 독일에서는 이러한 노력이 법적 의무가 아니라, 사회적 합의로 자리 잡았다. 소수자 보호의 일환으로, 독일 언론은 난민 문제와 이민자에 대한 편견을 바로잡는 데 앞장서며, 이를 통해 더욱 포용적인 사회를 구축하려 노력한다. 독일 언론이 사회적 변화를 이끌어가는 힘이 있음을 보여준다. 이러한 접근은 사회적 갈등을 줄이는 데에도 긍정적인 영향을 미쳤다.

독일 언론은 나치 시대 이후 크게 달라졌다. 점령기 동안 연합군이 기존 언론을 폐쇄하고 새로운 언론을 설립하며 민주주의를 심는 데 언론을 활용했다. 1945년 미군 점령지에서 발행된 첫 독일어 신문은 이 변화를 상징하는 사례다. 이어진 재건기엔 헌법이 언론의 자유를 보장했고, 1962년 '슈피겔 사건'은 언론 자유의 전환점을 만들었다. 이 사건은 언론의 역할이 권력을 감시하고 대중의 알 권리를 보장하는 데까지 확장될 수 있음을 보여줬다. 독일 언론 역사에서 빼놓을 수 없는 전환점으로 평가받는다.

현대화 시기에 이르러 텔레비전, 인터넷이 등장하면서 독일 언론은 새로운 시대를 맞았다. 동서독 통일 이후 서독의 언론 체제가 동독으로 확장되면서, 언론은 통일 독일의 새로운 지형을 형성했다. 시스템의 확장이 아니라, 통일 이후 독일이 직면한 정체성과 문화적 차이를 다루는 중요한 매개체로 기능했다. 인터넷 시대에 들어서면서 독일 언론은 디지털 전환이라는 새로운 도전에 직면했다. 주요 언론사들은 온라인 플랫폼을 적극 활용하며, 디지털 뉴스 제공에서 글로벌 선두 주자로 자리 잡았다. 독일 언론이 변화하는 시대에 발맞춰 나아갈 수 있는 능력을 입증한 사례다. 또한, 이러한 디지털화는 독일 언론이 글로벌 독자와 연결되는 데에도 중요한 역할을 했다.

물론 도전도 있었다. 극우 정당의 부상으로 언론 불신이 커졌고, 소셜 미디어의 확산으로 가짜 뉴스와 혐오 발언 문제가 대두되었다. 하지만 이런 문제를 해결하려는 독일 언론의 노력은 현재 진행형이다. 독일은 인터넷 규제를 강화하는 동시에, 언론의 신뢰도를 회복하기 위한 캠페인을 진행하고 있다. "언론이 진실의 수호자"라는 믿음을 되살리기 위한 노력은 꾸준히 이어지고 있다. 독일 언론은 이러한 도전 속에서도 세계에서 가장 자유롭고 신뢰받는 언론 중 하나로 자리 잡았다. 독일 사회의 언론 소비자들이 비판적이고 정보에 민감한 태도를 가지는 데 기여하고 있다.

독일 언론은 나치 시대의 어두운 그림자에서 벗어나, 자유와 책임을 모두 지닌 시스템으로 거듭났다. 그러나 디지털 시대의 가짜 뉴스와 극우 세력의 부상은 여전히 해결해야 할 과제로 남아 있다. 미래의 독일 언론은 기술 발전에 따른 정보 검증 시스템 강화와 소수자 보호를 위한 지속적인 노력을 통해 신뢰를 더욱 공고히 해야 할 것이다. 이러한 도전 속에서도 독일 언론은 민주주의와 자유의 본질을 수호하며, 국제 사회에 중요한 모델로 남을 가능성이 크다. 이 과정은 세계 어디서나 언론이 배워야 할 교훈을 제공한다. 독일 언론의 이야기는, 진실을 지키려는 노력은 언제나 가치가 있다는 사실을 우리에게 상기시킨다. 독일의 경험은 과거의 상처를 치유하는 데 그치지 않고, 더 나은 미래를 향한 지속적인 발전의 사례로 남아 있다.

독일 언론의 이러한 여정은 전 세계적으로 민주주의와 언론 자유의 중요성을 다시금 일깨워준다.

경쟁은 야만이다

독일의 교육 이야기를 해보자. 독일은 국제 학업성취도평가
(PISA)에서 꾸준히 주목받는 국가 중 하나로, 독특한 교육 철학과
깊은 역사적 맥락을 가지고 있다. 누구나 교육에 대해 할 말이 많지
만, 독일 교육을 들여다보면 "경쟁 교육은 야만"이라는 독특한 철
학이 눈에 띈다. 이 철학은 제2차 세계대전 이후 독일 교육 시스템의
근본적인 변화를 이끌어냈으며, 사회 전체의 가치를 재정립하는 과
정이었다. 독일의 교육 철학은 깊이와 복잡성을 지니며, 현대적인 도
전과 지속적인 개혁의 노력이 녹아 있다.

독일 교육은 경쟁을 최소화하는 방향으로 나아갔다. 등수나 석차
가 없으며, 학생들을 한 줄로 세워 비교하지 않는다. 대신 개인의 성

장과 발전에 초점을 맞추고, 학생들은 자신의 속도에 맞춰 학습할 수 있다. 이를 가능하게 하는 절대평가 시스템은 1점(최고점)에서 6점(최저점)으로 나뉘며, 서로를 비교하는 것을 원천적으로 차단한다. 이러한 평가 방식은 학생들의 스트레스를 줄이고, 학습 과정 자체에 집중할 수 있게 돕는다.

이러한 변화는 독일 교육 철학의 핵심인 빌둥(Bildung)에서 비롯된다. 빌둥은 인간의 내적 성장을 통해 사회적 책임과 조화를 이루는 과정을 의미한다. 빌둥은 시험 점수를 올리는 학습이 아니라, 학생들이 예술, 철학, 역사 등을 통해 스스로를 탐구하고 세계와 연결되도록 돕는 것을 목표로 한다. 독일의 많은 학교에서는 빌둥의 철학을 실천하기 위해 독서 토론과 예술 감상 활동을 적극 도입하고 있다. "어제의 너보다 나아진 오늘의 너"를 강조하며, 학생들이 내적 동기를 가지고 학습하도록 유도한다. 이 철학은 학습이 학생 스스로가 자신의 가능성을 탐구하고 발견하는 과정임을 보여준다.

독일의 일부 학교에서는 협력과 창의성을 강조하는 프로젝트 기반 학습을 도입했다. 이 방식은 학생들이 팀을 이루어 문제를 해결하고, 서로의 아이디어를 교환하며 협업의 중요성을 배우게 한다. 프로젝트 과정에서는 실패가 학습의 한 부분으로 간주되며, 학생들이 도전 속에서 배우는 것을 중시한다. 예를 들어, 환경 보호를 주제로 한 프로젝트에서는 지역 에너지 소비를 분석하고 탄소 배출량을 줄이는 방안을 제시하는 활동을 통해 현실 세계와 연결된 학습을 제공한다. 이러한 학습은 지식을 암기하는 것을 넘어 실제적인 응용 능력을 키우는 데 중점을 둔다.

독일 교육 철학에 깊은 영향을 준 철학자 아도르노는 "경쟁은 교육의 적"이라고 단언했다. 그는 경쟁이 인간성을 파괴하고, 극단적 개인주의와 사회적 고립을 초래한다고 보았다. 이를 통해 독일은 경쟁을 기반으로 한 교육 모델에서 벗어나 새로운 방향으로 전환했다. 아도르노의 비판은 이론에 그치지 않았다. 실제로 독일의 많은 학교에서 학생들이 서로 협력하며 성장할 수 있는 환경을 제공하고 있다.

경쟁 교육이 불러오는 부정적인 결과에 대한 연구도 이를 뒷받침한다. 심리학자들의 연구에 따르면, 과도한 경쟁은 학생들의 불안 수준을 높이고 학습 동기를 떨어뜨리는 것으로 나타났다. 독일은 이를 극복하기 위해 교육의 목표를 공동체의 가치와 협력으로 전환했다. 학생들이 서로 비교당하지 않는 환경은 정서적 안정에도 긍정적인 영향을 미친다.

독일의 교육 목표는 엘리트를 양성하는 것이 아니라, 사회의 구성원으로 조화롭게 살아갈 수 있는 사람을 만드는 것이다. 이 철학은 다양한 교육 활동에서도 나타난다. 독일 학교에서는 봉사 학습이 필수적인 과정으로 포함되곤 한다. 학생들은 지역 사회에서 자원

봉사를 하며, 자신이 속한 공동체에 기여하는 경험을 한다. 봉사 학습은 학생들에게 공동체에 대한 책임감을 심어주는 것을 넘어, 현실 세계에서 문제를 해결하고 다른 사람과 협력하는 능력을 키우도록 돕는다. 이를 통해 독일 교육은 개인과 사회가 상호 의존하는 관계를 강조하며, 학생들이 사회적 책임감을 갖도록 돕는다.

학생들은 지역 공원 정화 활동, 노인 센터에서의 봉사, 지역 축제의 운영 지원 등 다양한 방식으로 참여한다. 이러한 경험은 학생들에게 실제 사회적 역할을 체감하게 한다. 독일 교육이 공동체와 개인의 조화를 얼마나 중요하게 여기는지를 단적으로 보여준다.

그러나 독일 교육 시스템도 완벽하지 않다. 국제학업성취도평가(PISA)에서 독일은 중하위권에 머무르는 경우가 많다. 독일의 "저경쟁" 철학이 학업 성취도를 저하시킨다는 비판으로 이어지기도 한다. 또한, 독일의 교육 시스템은 학생들이 초등학교 4학년 무렵에 진로를 결정해야 하는 구조로 되어 있어, 어린 나이에 선택의 부담을 주고 잠재력을 제한한다는 우려가 있다.

학생들은 초등학교 졸업 후에 진로가 크게 세 가지로 나뉜다. 대학 진학을 준비하는 김나지움(Gymnasium), 직업 교육을 중점으로 두는 레알슐레(Realschule), 그리고 실용적인 기술과 직업 훈련에 초점을 둔 하우프트슐레(Hauptschule)가 있다. 이러한 시스템은 효율적이라는 평가를 받기도 하지만, 어린 나이에 결정되는 진로가 학생들의 가능성을 제한할 수 있다는 지적도 꾸준히 제기된다. 이를 해결하기 위해 일부 주에서는 진로 선택 시기를 늦추거나 유연한 학제 개편을 시도하고 있다.

최근 독일의 일부 주에서는 학생들이 학업 과정에서 더 많은 융통성을 가질 수 있도록 다양한 교육 경로를 제공하고 있다. 직업 교육을 선택한 학생들이 나중에 대학 진학을 원할 경우, 추가 과정을 통해 김나지움 자격을 취득할 수 있는 프로그램이 운영되고 있다. 학생들에게 더 많은 선택권을 제공하며, 잠재력을 최대한 발휘할 수 있도록 돕는 시도다.

제2차 세계대전 이후 독일 교육은 나치 이데올로기를 제거하고 민주주의적 가치를 심기 위해 큰 변화를 겪었다. 나치와 군국주의 교리를 제거하는 작업이 우선시되었고, 교사 재교육이 이루어졌다. 나치 당원으로 활동했던 교사들은 해임되었고, 남은 교사들은 민주주의를 가르치는 방법을 배우기 위해 철저히 재교육을 받았다. 역사, 사회, 정치 과목에서는 나치 이데올로기를 완전히 제거하고 민주주의적 내용을 중심으로 새로운 교육과정이 설계되었다.

이 시기의 변화는 교과서의 내용만 바뀐 것이 아니었다. 민주주의적 사고를 장려하기 위한 토론 수업이 도입되었고, 학생들이 다양한 관점에서 생각할 수 있는 비판적 사고 능력을 기르는 데 중점을 두었다. 또한, 독일은 학생들이 나치 시대의 역사적 과오를 철저히 배우도록 함으로써, 미래 세대가 같은 실수를 반복하지 않도록 교육했다. 이러한 변화는 독일 사회의 민주적 전환을 교육을 통해 뒷받침하는 데 중요한 역할을 했다.

또한, 성인 교육과 평생 학습이 강조되며 독일은 교육이 청소년기에 끝나지 않음을 보여줬다. 독일의 '폴크스호흐슐레(Volkshochschule)'는 성인 교육의 대표적인 예다. 이 기관은 매년 약 900만 명의 성인 학습자들에게 다양한 프로그램을 제공하며, 특히 직업 재교육과 개인 개발에 큰 기여를 하고 있다. 실업 상태에 있는 성인들이 새로운 기술을 배우고 재취업에 성공한 사례가 많으며, 2020년 기준으로 참가자 중 70% 이상이 교육 과정을 통해 고용 가능성을 높였다는 통계가 있다. 이처럼 폴크스호흐슐레는 학습의 기회를 제공하는 것을 넘어, 독일 경제와 사회 통합에 중요한 역할을 하고 있다. 이 기관은 지역사회 기반으로 운영되며, 다양한 직업 기술, 외국어, 예술 등 폭넓은 과정을 제공한다. 이를 통해 독일은 평생 학습 문화를 확립하며, 개인의 지속적인 성장과 발전을 지원한다. 폴크스호흐슐레에서 제공하는 강좌는 취미 활동에서부터 전문 자격증 과정에 이르기까지 다양하다. 이 같은 평생 교육 시스템은 독일 국민들이 변화하는 사회와 경제 환경에 적응할 수 있도록 돕는다.

특히 최근에는 디지털 기술과 관련된 강좌가 늘어나며, 고령층을 대상으로 스마트폰 사용법, 온라인 뱅킹 등 실생활에 필요한 기술 교육도 이루어지고 있다. 독일이 급변하는 디지털 환경 속에서도 모든 세대가 소외되지 않도록 배려하는 교육 철학을 잘 보여준다.

독일 교육은 경쟁을 배제하고, 공동체와 개인의 조화를 목표로 한 독특한 철학을 가지고 있다. 하지만 이러한 시스템도 개선해야 할 부분이 많다. 학업 성취도와 학생들의 잠재력을 최대한 발휘할 수 있는 방법에 대한 고민이 지속되고 있다. 디지털화와 글로벌화 시대에 발맞춰 새로운 교육 모델을 개발하는 것도 중요한 과제다. 독일은 이를 위해 학교와 대학에서 디지털 리터러시를 필수 과목으로 도입하고 있으며, '디지털 패스포트'라는 프로그램을 통해 학생들에게 사이버 보안, 데이터 활용, 코딩 기초를 교육하고 있다. 또한, 독일 연방 정부는 '디지털 학교 2030' 계획을 발표하며 모든 학교에 고속 인터넷과 스마트 기기를 제공하고, 교사들을 위한 디지털 교육 워크숍을 운영하고 있다. 이러한 노력은 학생들이 디지털 시대에 필요한 역량을 갖추도록 돕는 동시에, 독일 교육 시스템의 현대화를 촉진하고 있다.

그럼에도 불구하고, 독일 교육의 철학은 시험 점수 이상을 가르친다. 개인이 성장하고, 더 나은 사회를 만드는 데 기여하는 데 초점을 맞춘다. 독일 교육의 여정은 우리가 교육의 본질을 다시 생각하게 한다. 그 본질은 인간다운 삶을 준비하는 과정임을 보여준다. 독일의 이러한 철학은 전 세계적으로도 교육이 어떤 방향으로 나아가야 하는지에 대한 귀중한 통찰을 제공한다.

경쟁이 기본이다

　한국의 교육 시스템은 많은 이들에게 논의의 중심에 서 있다. 이 시스템을 들여다보면, "과도한 경쟁"과 "사교육 의존"이라는 두 가지 주요 문제가 두드러진다. 한국 교육의 특징이자 해결해야 할 과제로 꼽힌다.

　사교육 시장의 규모는 상당하다. 2022년 기준, 사교육비 총액은 약 26조 원에 달하며, 학생 1인당 월평균 사교육비는 41만 원이다. 사교육 참여율은 78.3%로, 대부분의 학생이 사교육에 의존하고 있다. 경제적 부담과 교육 불평등을 심화시키고 공교육을 약화시키며, 학생들에게 심각한 스트레스를 안겨준다. 특히, 공교육의 질적 저하로 인해 학원이나 과외를 받지 않은 학생들은 학교 수업만으로는 주요 시험 준비에 어려움을 겪는다. 수도권 외 지역에서는 공교육 시설과 교사 자원의 부족으로 사교육 의존도가 더욱 높아진다. 서울 지역 학생들의 월평균 사교육비는 지방 학생들에 비해 2배 이상 높지만, 지방에서는 공교육의 한계를 보완하기 위해 사교육이 더욱 필요하다. 공교육의 역할이 약화되고, 사교육이 필수적인 학업 도구로 자리 잡고 있음을 보여준다.

부모들은 자녀가 뒤처질까 봐 과외와 학원을 찾지만, 이로 인한 경제적 부담은 가계를 위협한다. 특히, 소득 수준에 따른 교육 격차는 더욱 벌어지고 있다. 상위 20% 가구의 월평균 사교육비는 하위 20% 가구의 27배에 달한다. 이는 사회적 불평등을 심화시키는 요인이다. 서울 지역 학부모들은 초등학교 때부터 자녀를 학원에 보내기 위해 큰 비용을 지출하며, 이로 인해 '강남 8학군'과 같은 사교육 중심지가 형성되었다. 2022년 기준, 강남 8학군 지역의 학원 밀집도는 서울 평균의 2배이며, 학원 월평균 등록비는 약 50만 원이다. 강남 지역 부모의 78%가 자녀의 대학 입학을 위해 사교육비 지출을 우선적으로 고려한다고 응답했다. 강남이 주거지가 아니라 교육 투자와 경쟁의 중심지로 변모하는 데 큰 영향을 미쳤다.

사교육은 학생들의 정서와 정신 건강에도 부정적인 영향을 미친다. 과도한 숙제와 학습량은 학생들에게 학업에 대한 두려움과 압박을 심화시킨다. 공교육마저 사교육의 영향을 받아 왜곡된 방식으로 운영되는 결과를 초래할 수 있다. 한 중학생은 "학교 숙제도 버거운데, 학원 숙제까지 하려니 잠을 잘 수가 없다"고 토로했다.

사교육의 영향력은 예체능 분야로도 확장되고 있다. 음악과 미술 특기자 전형을 준비하는 학생들은 별도의 과외를 통해 입시를 대비해야 한다. 사교육이 학생들의 전반적인 삶에 깊이 스며들어 있음을 보여준다.

한국 교육의 또 다른 문제는 입시 중심의 경쟁적 구조다. 초등학교부터 고등학교까지 모든 교육 단계에서 학생들은 대학 입시에 초점을 맞춘다. 학생들의 학업 스트레스를 극단적으로 끌어올리고, 삶의 만족도를 낮춘다. OECD의 학생 행복도 조사에 따르면, 한국 학생들의 삶에 대한 만족도는 매우 낮다. 2022년 PISA 조사에서 한국 학생의 22%가 삶에 불만족하다고 답했는데, OECD 평균인 18%를 크게 상회한다. 핀란드와 네덜란드의 학생들 중 삶에 불만족하다고 응답한 비율은 각각 9%와 11%로, 한국의 절반 이하 수준이다. 한국 교육 시스템의 과도한 경쟁 구조가 학생들의 삶의 질에 얼마나 부정적인 영향을 미치는지 보여준다.

이러한 경쟁적 구조는 학생들에게 심리적 부담을 줄 뿐만 아니라, 창의성과 비판적 사고력의 저하, 전인적 발달을 저해하는 결과를 초래한다. 학교는 더 이상 협력과 사회적 역량을 배우는 곳이 아니라, 시험 점수를 올리는 곳으로 전락했다. 한 고등학교 교사는 "학생들이 수능 성적을 위해 달리다 보니, 교실 내 토론이나 협력 활동은 거의 찾아보기 어렵다"고 말했다.

이 경쟁 구조는 가정에도 부정적인 영향을 미친다. 부모들은 자녀의 학업 성취를 위해 막대한 비용과 시간을 투자하며, 가족 간의 갈등이 증가한다. 학업 스트레스는 부모에게도 영향을 미치며, 가정의 안정을 위협한다.

학교 내에서도 경쟁 구조는 학생들 간의 관계에 부정적인 영향을 미친다. 친구 사이의 협력보다 경쟁이 강조되면서, 학생들은 서로를 경쟁 상대로 인식하게 된다. 이것은 학생들 간의 신뢰를 약화시키고, 유대감을 저해한다.

사교육 의존과 입시 중심 교육은 교육 기회의 불평등을 심화시키고, 계층 이동의 사다리를 끊어놓는다. 부모의 소득이 높을수록 자녀의 대학 진학률이 높아지며, 소득 격차로 이어진다. 소득 상위 20% 가구의 자녀는 하위 20% 가구 자녀에 비해 4년제 대학 진학률이 2.3배 높다. 교육이 계층 불평등을 재생산하는 메커니즘으로 작동하고 있음을 보여준다.

서울과 지방 간의 교육 격차 또한 심각하다. 강남구의 일반고 학생들이 서울대에 입학하는 비율은 강북구 학생들에 비해 20배 높다. 한 보고서에 따르면, 강남 3구(강남, 서초, 송파)가 서울대 입학생의 40% 이상을 차지하며, 지방의 농어촌 지역은 전체의 5% 미만을 차지한다. 지역별 교육 자원 배분의 차이를 명확히 보여준다. 지역적 차이로 끝나는 것이 아니라, 지방 소멸이라는 사회적 문제로도 이어진다. 농어촌 지역의 학생들은 열악한 교육 여건 속에서 진로 지도를 받기 어려워, 수도권 학생들과 동등한 경쟁을 하기 어렵다.

이러한 교육 불평등은 사회 전체에 영향을 미친다. 사회 계층 간의 갈등이 심화되고, 학벌 중심의 사회 구조가 강화되면서 사회적 신뢰가 저하된다. 장기적으로 한국 사회의 지속 가능성을 위협할 수 있다.

경쟁과 사교육의 압박은 학생들의 정신 건강에도 심각한 영향을 미친다. 최근 조사에 따르면, 초중고 학생의 68.1%가 무기력감을 호소했고, 25.9%는 학업 성적 때문에 자해나 자살을 생각해 본 적이 있다고 응답했다. 2023년 기준 초중고생 자살자 수는 214명으로 역대 최고치를 기록했으며, 이 중 성적 비관이 자살 원인의 18.3%를 차지했다. 입시 경쟁이 학생들에게 얼마나 큰 영향을 미치는지 보여준다.

학생들은 더 이상 공부하는 것을 넘어, 생존하기 위해 싸우고 있다. 학교는 배움의 공간이어야 하지만, 현재의 교육 시스템에서는 오히려 학생들에게 극심한 스트레스와 좌절감을 안겨주는 곳이 되고 있다. 이것은 사회 전체의 문제로 인식되어야 한다. 특히 고등학생들 사이에서는 "공부를 못하면 삶의 가치가 없다"는 극단적인 사고가 팽배해 있다. 학생들의 정신적 건강을 심각하게 위협하며, 장기적으로는 한국 사회의 지속 가능성을 저해할 수 있다.

정신 건강 문제는 자살과 같은 극단적인 결과뿐만 아니라, 학생들의 학업 성취와 사회적 역량에도 부정적인 영향을 미친다. 우울증이나 불안 장애를 겪는 학생들은 학업에 집중하기 어려워지고, 성적 하락으로 이어진다. 또한, 이들은 친구들과의 관계 형성에도 어려움을 겪으며 사회적 고립감을 느끼게 된다.

한국 교육 시스템은 현재의 경쟁 중심 구조에서 벗어나야 한다. 교육은 학생들이 행복하고 건강한 삶을 살 수 있도록 돕는 과정이어야 한다. 이를 위해서는 사회 전반의 구조적 변화와 함께, 교육 철학 자체를 재정립할 필요가 있다. 교육은 미래를 위한 투자다. 그 미래가 경쟁과 스트레스가 아니라, 협력과 성장을 기반으로 한 것이 되기를 기대한다.

대학 등록금을 무료로 하는 국가들의 사례를 보면, 무상 교육이 이러한 변화를 촉진할 수 있음을 보여준다. 독일과 핀란드와 같은 국가들은 대부분의 대학에서 등록금을 없애고, 모든 계층의 학생들에게 동등한 교육 기회를 제공하고 있다. 독일은 1970년대부터 점진적으로 무상 교육 정책을 도입하여, 경제적 약자에게 교육 기회를 보장하는 데 초점을 맞췄다. 이 정책은 독일 연방 정부와 주 정부 간의 협력을 통해 지속적으로 개선되었으며, 현재는 모든 공립 대학에서 학비가 면제된다. 핀란드 역시 20세기 중반에 시작된 교육 개혁의 일환으로 무상 교육을 확대했다. 특히, 핀란드는 교육의 질을 유지하면서도 모든 학생들에게 평등한 학습 환경을 제공하기 위해 교사 연수와 학교 지원에 막대한 예산을 투자해왔다. 이러한 배경은 두 국가가 사회적 신뢰와 교육 기회의 평등을 성공적으로 구축하는데 중요한 역할을 했다. 이로 인해 입시 경쟁률이 낮아지고, 학생들의 학업 스트레스도 감소하며, 행복도가 높아지는 결과를 가져왔다. 핀란드 학생들의 행복도가 세계 최상위권에 속하는 이유 중 하나가 바로 무상 교육의 혜택 때문이다.

또한, 무상 교육은 사회적 신뢰도를 높이는 데도 긍정적인 영향을 미친다. 북유럽 국가들에서는 교육의 공공성이 강화되면서 사회 통합이 촉진되고, 국민 간의 신뢰가 깊어졌다. 독일의 사례에서는, 무료 대학 등록금 정책이 경제적 약자를 포함한 모든 사회 계층의 교육 기회를 보장하면서, 재정적으로 안정된 사회 구조를 유지하는데 기여하고 있다. 한국에서도 이러한 변화를 도입한다면, 교육이 사회 전체의 발전을 위한 기제가 될 수 있을 것이다.

하지만 무상 교육 정책이 모든 문제를 해결하는 만능 열쇠는 아니다. 정책을 실행하기 위해서는 재정적 부담을 어떻게 해결할지에 대한 구체적인 계획이 필요하다. 또한, 교육의 질을 유지하고 대학들이 재정적 독립성을 유지할 수 있도록 추가적인 지원과 관리 체계가 뒷받침되어야 한다. 스웨덴에서는 무상 교육 정책과 함께 대학 연구와 교육 프로그램을 강화하기 위한 정부의 지속적인 투자가 이루어지고 있다.

그럼에도 불구하고 무상 교육이 가진 잠재적인 이점은 간과할 수 없다. 무상 교육은 더 큰 사회적 변화를 가져올 수 있는 원동력이 될 수 있다. 이를 통해 한국은 학생들이 창의적이고 협력적인 환경에서 배우고 성장할 수 있는 기반을 마련할 수 있을 것이다.

한국의 교육 시스템은 지금보다 더 나은 방향으로 나아갈 수 있다. 이를 위해서는 장기적인 비전을 가지고 정책을 수립하고 실행해야 한다. 한국의 교육은 더 이상 현재의 문제를 방치할 수 없다. 이제는 변화의 시기가 왔다. 그 변화는 학생들의 행복과 건강을 최우선으로 두는 교육 철학에서부터 시작될 것이다.

투표는 고도의 정치 행위

진정한 투표는 개인의 이익과 공동체의 이익을 조화롭게 고려하는 행위다. 그러나 현실에서는 대부분 자신의 이익에만 집중하는 경향이 있다. 그렇다면 이 균형을 어떻게 잡을 수 있을까? 방법은 간단하지만 실행은 복잡하다.

우선, 정보에 기반한 투표가 필수적이다. 후보자들의 정책과 공약을 깊이 있게 살펴보아야 한다. "우리 동네에 공원을 만들겠다"는 식의 공약에 그치지 말고, 후보의 능력과 자질을 객관적으로 평가해야 한다. 특히 현재의 사회적, 경제적 이슈에 대한 후보자의 입장을 확인하고, 그 공약이 미래에 미칠 영향을 고려해야 한다. 정보를 수집할 때는 다양한 경로를 활용해야 한다. 공청회나 토론회에서의 발언, 지역 주민들의 의견도 중요하다. 다각도로 접근해야 정확한 판단이 가능하다.

문제는 정보의 질이다. 허위 정보나 과장된 주장이 넘쳐나는 세상에서 정확한 정보를 가려내는 능력이 필요하다. 이를 위해 독립적이고 신뢰할 수 있는 출처를 찾아야 한다. 소셜 미디어에만 의존하지 말고, 공신력 있는 자료를 참고해야 한다. 모든 정보를 한 번에 얻을 수는 없지만, 꾸준히 노력하다 보면 진실에 점점 다가갈 수 있다. 통계 자료나 보고서를 분석하고, 전문가 의견을 참고하는 것도 도움이 된다. 숫자 뒤에 숨겨진 의미를 이해하려는 노력이 필요하다.

당장의 이익에 현혹되지 말고 장기적인 관점에서 판단해야 한다. 단기적으로는 매력적으로 보이는 정책도 장기적으로는 해로울 수 있다. 따라서 지속 가능한 발전을 약속하는 후보에게 표를 주는 것이 중요하다.

공동체 전체의 이익도 고려해야 한다. 개인의 이익만 챙기다가 공동체가 무너지는 경우가 많다. "함께 잘 사는 사회"라는 목표가 결국 개인의 행복으로 이어진다. 이를 실현할 수 있는 정책과 구체적인 접근 방식을 살펴야 한다. 선심성 공약이 아닌, 지속 가능하고 구조적인 변화를 추구하는 정책이어야 한다. 자원을 어떻게 활용할지에 대한 구체적인 계획도 중요하다.

공동체의 이익이란 모든 사람에게 똑같이 나누는 것이 아니라, 각자의 필요에 맞는 지원을 하는 것이다. 소외 계층을 돕는 정책은 일부 사람들에게 직접적인 혜택이 아니더라도 사회 전체의 안정과 번영에 기여한다. 지역사회의 특성과 고유한 문제를 정확히 파악하고, 그에 맞는 맞춤형 접근 방식을 적용해야 한다.

민주주의의 기본 가치인 인권, 자유, 평등을 실현하려는 후보를 선택해야 한다. 가치 없는 정치인의 결정은 모래 위에 집을 짓는 것과 같다. 위기 상황에서도 국민의 기본 권리를 지키는 지도자를 선택해야 한다. 특히 민주주의의 가치를 훼손하려는 시도에 저항할 수 있는 강한 의지를 가진 정치인이 필요하다. 법과 원칙을 지키는 것은 사회의 안전망이 된다. 가치에 기반한 리더십은 행동에서 드러난다.

투표는 권리이자 의무다. "내 한 표가 뭐 바꾸겠어"라고 체념하지 말고, 투표 결과에 승복하며 선출된 대표자를 지지하고 감시하는 것도 우리의 역할이다. 투표는 자신의 목소리를 내는 방식이며 책임을 지겠다는 선언이다. 민주주의는 투표로 끝나지 않는다. 결과에 따라 적극적으로 행동하며, 필요시 새로운 변화를 요구하는 자세가 필요하다. 이는 시민으로서의 책임감이다. 투표는 시작일 뿐이며, 이후에도 지속적으로 정치에 관심을 가지고 사회의 방향을 점검하는 노력이 필수적이다.

정치인의 진정성을 파악하는 것은 쉽지 않지만, 몇 가지 단서를 통해 짐작할 수 있다. 첫째, 말과 행동의 일치성을 살펴야 한다. 과거 정치 활동에서 선거 공약과 실제 정책 이행 사이의 일치를 보면 그 사람의 진정성을 알 수 있다. 둘째, 장기적 일관성을 확인해야 한다. 오늘 이 말, 내일 저 말하는 사람은 신뢰하기 어렵다. 셋째, 위기 상황에서의 대응을 살펴야 한다. 위기 상황은 정치인의 본심을 드러내는 절호의 기회. 권력에 대한 태도도 중요하다. 권력을 책임감 있게 사용하는지, 아니면 사유화하려는지를 구분해야 한다. 언어적, 비언어적 요소도 살펴야 한다. 정치인이 자주 사용하는 단어나 표현, 비언어적 요소에서 그들의 관심사와 진정성을 읽을 수 있다.

정치인을 판단하는 데 필요한 것은 관찰과 분석, 그리고 약간의 상상력이다. 그들의 말과 행동, 공약과 정책, 위기 상황에서의 대처를 꾸준히 살피면서 우리의 판단력을 키워야 한다. 단기적인 인기나 매력에 현혹되지 않는 냉철한 시각이 필요하다. 정치인의 과거 행적과 현재 발언, 그리고 앞으로의 비전을 종합적으로 판단하는 안목이 중요하다. 이것은 우리 사회의 미래를 그리는 과정이다.

투표는 공동체의 미래를 함께 그리는 일이다. 투표용지를 받을 때 진실로 무겁게 받아들여야 한다. 이 한 장이 우리 모두의 내일을 결정짓는 중요한 열쇠이기 때문이다. 투표는 끝이 아니라 시작이라는 점을 잊지 말자. 더 나은 사회를 만드는 길은 결국 우리가 얼마나 성숙한 시민으로서의 역할을 다하느냐에 달려 있다. 시민으로서의 성숙은 권리를 행사하는 데 그치지 않고, 권리를 통해 책임을 다하는 데서 나온다.

정치인 체크리스트

정치인을 평가하는 주요 항목을 정리해 보았다. 각 항목은 정치인의 자질과 역량을 평가하는 데 중요한 기준이 된다.

• 윤리성과 도덕성 (10문항)

공익을 사익보다 우선시하는가?

과거에 비윤리적 또는 불법적 행위에 연루된 적이 있는가? (역채점)

재정적 투명성을 유지하는가?

공과 사를 명확히 구분하는가?

타인의 인권과 존엄성을 존중하는가?

약속과 책임을 성실히 이행하는가?

권력 남용을 방지할 수 있는가?

부패 방지를 위한 원칙이 있는가?

정직하고 진실된 태도로 소통하는가?

이해관계 충돌 시 적절히 대처하는가?

• 전문성과 역량 (10문항)

정책 수립과 실행에 필요한 전문지식을 갖추었는가?

행정, 법률, 경제 등 국정운영의 기본 지식을 보유하는가?

복잡한 문제를 분석하고 해결하는 능력이 있는가?

조직 관리와 리더십 경험이 있는가?

국제 정세와 외교 관계에 대한 이해도가 높은가?

디지털 전환 시대에 필요한 기술 이해도가 있는가?

재정 및 예산 관리 능력이 있는가?

위기 관리 능력과 경험이 있는가?

정책의 장단기 영향을 분석할 수 있는가?

다양한 이해관계자와 협상할 수 있는가?

• 소통과 포용성 (10문항)

다양한 계층의 시민들과 효과적으로 소통하는가?

반대 의견을 경청하고 수용하는가?

세대 간 갈등을 이해하고 중재하는가?

소수자의 권리와 복지에 관심이 있는가?

명확하고 설득력 있게 의견을 전달하는가?

시민들의 목소리를 정책에 반영하려 노력하는가?

다양한 문화와 가치관을 존중하는가?

갈등 상황에서 중재 능력을 보여주는가?

투명한 정보 공개를 실천하는가?

시민 참여를 독려하고 촉진하는가?

• 비전과 혁신성 (10문항)

국가/지역의 장기 발전 비전이 있는가?

사회 문제에 대한 혁신적 해결책을 제시하는가?

환경과 지속가능성을 고려하는가?

미래 세대를 위한 정책을 구상하는가?

글로벌 변화에 대응하는 전략이 있는가?

과학기술 발전을 정책에 반영하는가?

경제 혁신과 일자리 창출 방안이 있는가?

교육과 인재 양성에 대한 비전이 있는가?

사회 안전망 강화 방안이 있는가?

행정 혁신과 효율화 계획이 있는가?

• 실행력과 추진력 (10문항)

공약 실천을 위한 구체적 계획이 있는가?

어려운 결정을 내릴 수 있는 결단력이 있는가?

반대에 부딪혀도 소신을 지킬 수 있는가?

목표 달성을 위한 지속적 노력을 하는가?

자원을 효율적으로 활용하는가?

시기적절한 의사결정을 하는가?

업무 추진 과정을 체계적으로 관리하는가?

성과를 측정하고 평가하는가?

실패를 인정하고 수정하는가?

구성원들의 협력을 이끌어내는가?

• 평가 방법

각 항목당 1-5점 척도로 평가

(1점: 매우 미흡, 2점: 미흡, 3점: 보통, 4점: 우수, 5점: 매우 우수)

• 결과 해석

200-250점: 최상위 수준의 정치인 자질

150-199점: 우수한 정치인 자질

100-149점: 평균적인 정치인 자질

50-99점: 정치인 자질 부족

이 체크리스트는 정치인의 기본적 자질과 역량을 평가하는 데 유용한 참고 자료가 될 수 있다. 그러나 이 평가만으로 정치인의 전반적인 능력을 완벽히 판단할 수는 없다. 정치인의 자질은 복잡한 맥락 속에서 다양한 요인들이 교차하며 형성되기 때문이다. 따라서 정치인의 과거 행적, 정책 이행의 성공 사례, 대중과의 신뢰 관계, 긴급 상황에서의 대응 능력 등 다각적인 요소를 함께 고려해야 한다.

이 평가는 점수를 매기는 도구이면서, 시민으로서 책임 있는 선택을 하기 위한 훈련 과정으로도 활용할 수 있다. 독일 교육의 미디어 리터러시 원칙처럼, "모든 게 사실처럼 보이더라도, 직접 확인하라"는 태도는 정치인의 발언과 행동, 정책 공약과 실행 결과를 철저히 검증하는 데 적용될 수 있다. 이를 통해 보여지는 이미지를 넘어 진정성을 판단할 수 있다.

물론 이 체크리스트는 하나의 출발점일 뿐이며, 정치인의 진정성과 비전, 그리고 국민을 위한 실질적 공헌도를 평가하기 위한 보다 심층적이고 맥락적인 분석이 필수적이다. 중요한 것은

이러한 평가가 국민과 공동체의 더 나은 미래를 설계하는 데
기여할 수 있도록 사용하는 것이다.

르네상스

서양 역사를 돌아보면 흑사병이라는 끔찍한 재앙이 중심에 자리 잡고 있다. 당시 사람들에게 이 질병은 절망 그 자체였다. 길거리에 쓰러진 사람들은 외면당했고, 매일 죽음과 공포가 연속되었다. 14세기 유럽을 휩쓴 흑사병은 인구의 약 3분의 1을 앗아간 치명적 전염병이었지만, 역설적으로 르네상스의 탄생에 중요한 역할을 했다. 이 재앙은 죽음을 초래한 것을 넘어 사회를 뒤흔들고 새로운 가능성을 열었다. 사람들은 이전과 다른 삶을 살기 시작했고, 새로운 세계관과 문화의 기반이 되었다.

흑사병은 유럽 사회의 기존 질서를 무너뜨렸다. 인구 감소로 노동력이 부족해지면서 농노제가 붕괴되기 시작했고, 노동자들의 임금이

상승했다. 경제적 변화와 더불어 사회 구조를 재편하는 계기가 되었다. 또한, 많은 사람들이 사망한 친척의 재산을 상속받으며 새로운 중산층이 형성되었다. 경제의 중심이 농업에서 도시와 상업으로 이동하며 르네상스 시대의 경제적 기반이 마련되었다. 이 과정은 유럽 사회 전체를 재편성하는 거대한 흐름이었다.

종교적으로도 흑사병은 큰 영향을 미쳤다. 성직자들마저 병에 걸려 죽는 것을 목격한 사람들은 신에 대한 의심을 품기 시작했고, 인본주의 사상의 발전으로 이어졌다. 사람들은 신이 아닌 인간 자신에게서 답을 찾으려 했고, 이로 인해 예술, 철학, 과학이 동시에 부흥했다. 새로운 발견과 혁신이 일어났으며, 학문은 종교적 해석에서 벗어나 자유롭고 체계적으로 발전할 수 있었다. 인간의 위대함과 가능성을 깨닫는 계기가 되었다.

문화적으로도 흑사병은 사람들의 세계관을 변화시켰다. 피렌체의 화가들은 흑사병으로 인한 상실과 고통을 표현하기 위해 인간의 감정을 깊이 탐구하는 작품을 창작했다. 조토 디 본도네의 벽화는 죽음과 구원을 섬세히 다루며 예술의 새로운 방향을 제시했다. 보카치오의 《데카메론》은 흑사병의 공포 속에서도 인간의 본성과 이야기를 통해 위로를 찾으려는 시도를 보여준다. 이러한 작품들은 예술적 표현을 넘어 흑사병이 남긴 흔적과 변화된 세계관을 상징적으로 담아냈다. 죽음에 대한 인식이 높아지면서 현세를 즐기려는 욕구가 커졌고, 예술과 문학의 새로운 주제가 되었다. 《죽음의 무도》와 같은 모티프는 삶과 죽음을 탐구하며 르네상스 예술의 특징으로 자리 잡았다. 또한, 라틴어 사용이 줄고 자국어 사용이 증가하며 지식의 보급과 민족주의가 발전했다. 인쇄술의 발전과 맞물려 학문과 지식이 대중화되는 데 기여했다. 유럽 전역에서 권위적인 지식 독점이 무너지며 지식은 모든 사람의 것이 되었다.

흑사병은 무서운 시험이었지만, 그 속에서 사람들은 삶의 의미를 찾아야 했다. 그 결과, 유럽은 상실 속에서도 새로운 시대를 열어갔다. 흑사병과 르네상스는 마치 세트 메뉴 같다. 흑사병은 유럽의 질서를 뒤흔들며 사회 전반에 변화를 강요했다. 이 과정에서 경제적 재편, 종교적 변화, 문화적 혁신이 뒤따랐다. 노동력 부족으로 농노제가 붕괴되고, 도시에서는 새로운 중산층이 부상하며 상업과 금융이 발전했다. 인간 중심의 사고가 부상하며 르네상스 예술과 철학이 꽃피었다. 다빈치와 미켈란젤로 같은 예술가들이 인체의 아름다움과 과학적 탐구를 결합한 작품을 창조할 수 있었던 것도 흑사병 이후의 인문주의적 사고 전환 덕분이었다. 흑사병이 없었다면 르네상스도 없었을 것이라는 말이 있을 정도다. 흑사병은 유럽 인구의 3분의 1을 앗아갔지만, 남은 이들은 새로운 세상을 꿈꿨다. 공포와 죽음을 경험한 사람들은 이제 자신의 삶과 가치를 새롭게 정의하려 했다. 신에 대한 의존에서 벗어나 인간 중심의 사고가 발전하며 르네상스의 핵심 사상인 인본주의가 탄생했다. 이 모든 과정은 전 세계적 변화의 시작이었다.

이 이야기를 현재의 대한민국에 대입해보면 놀라운 유사성을 발견할 수 있다. 대한민국도 지금 흑사병과 같은 시기를 겪고 있는지 모른다. 계엄, 독재, 부패, 권력 남용과 같은 단어들은 역사책에서나 볼 법한 것들이지만, 최근 대한민국 뉴스에서 자주 등장한다. 그러나 이 위기 속에서도 기회가 보인다. 흑사병 이후 르네상스가 찾아왔듯, 재앙이 끝난 뒤 대한민국에도 르네상스가 올지 모른다. 그리고 그 르네상스는 사회 시스템의 재정비와 진정한 민주주의의 시작이 될 것이다.

이제 우리는 선택해야 한다. 이 흑사병 같은 시기를 그냥 지나칠 것인지, 아니면 이 위기를 전화위복의 기회로 삼을 것인지. 르네상스는 저절로 찾아온 것이 아니었다. 흑사병 이후 사람들은 삶의 방식을 바꾸고 새로운 생각과 시스템을 만들어냈다. 예술가들은 캔버스를 펼쳤고, 과학자들은 망원경을 들었으며, 철학자들은 새로운 사회 계약을 논했다. 대한민국도 마찬가지다. 지금의 계엄과 독재의 그림자를 걷어내고 진정한 민주주의와 정의를 세우는 것이 우리의 르네상스를 만드는 길이다.

난세영웅이라는 말이 있다. 난세가 영웅을 만들고, 영웅은 난세를 끝낸다. 대한민국의 영웅은 누구일까? 그 답은 우리가 만들어가야 한다. 한 가지 분명한 것은 지금 우리가 역사적인 변곡점에 서 있다는 것이다. 흑사병 이후 르네상스가 찾아왔듯, 대한민국에도 그런 날이 올 것이다. 그리고 그 날은 우리가 준비한 만큼 밝게 빛날 것이다.

하늘이 막아도 길은 열릴 것이다. 이 새로운 길은 과거의 오류를 바로잡는 데 그치지 않고, 더 나은 대한민국을 향한 구체적인 계획과 비전을 포함한다. 우리는 교육에서 평등과 기회를 확장하고, 환경을 지속 가능하게 관리하며, 사회 전반에서 투명성과 책임을 강화하는 정책을 실행해야 한다. 또한, 시민들의 참여를 독려하고 모두가 목소리를 낼 수 있는 진정한 민주주의를 구축해야 한다. 이러한 작은 변화들이 모여 큰 혁신을 만들어낼 것이다. 우리에게 주어진 이 위기는 새로운 미래를 설계할 기회다. 흑사병 속에서 유럽이 새로운 인간 중심의 시대를 열었듯, 우리는 이 혼란 속에서도 더 나은 민주주의, 공정한 시스템, 모두를 위한 사회를 만들어야 한다. 역사가 증명하듯, 어둠이 깊을수록 빛은 더 찬란히 빛난다.

대한민국은 르네상스를 향해 가고 있다. 그렇게 믿는다. 그리고 그렇게 믿어야 한다. 위기는 기회다. 그것도 아주 큰 기회다. 그 기회를 어떻게 잡을지는 우리 모두의 몫이다. 이를 통해 우리는 위기를 극복하는 것을 넘어 새로운 대한민국의 미래를 그려야 한다. 어쩌면 그 과정에서 우리는 더 나은 시민으로 성장하고, 더 나은 사회를 만들어낼지도 모른다. 우리가 지금부터 그리는 새로운 대한민국은 전 세계가 부러워할 새로운 민주주의와 정의의 표본이 될 수도 있다. 그리고 이 모든 과정이 완성되었을 때, 우리는 새로운 세대에게 더 나은 미래를 약속할 수 있을 것이다. 이 약속이야말로 진정한 르네 상스의 시작이 될 것이다.

에필로그

역사는 언제나 반복될까? 아니면 우리 손으로 새로운 길을 개척할 수 있을까? 책을 마무리하며 다시금 이 질문을 떠올린다. 우리는 계엄 이후의 한국 사회가 겪은 혼란과 무력감을 돌아보았다. 그리고 2차 세계대전 후 독일이 어떻게 절망 속에서도 재건의 길을 걸었는지 살펴보았다. 이 모든 과정 속에서 가장 중요했던 것은 단순한 경제적 회복이 아니라, 사람들 사이의 신뢰를 회복하고, 새로운 공동체적 가치를 세우는 일이었다.

이제 우리는 현실로 돌아와야 한다. 역사를 바라보며 얻은 통찰을 우리의 상황에 맞게 적용해야 한다. 독일의 사례가 우리에게 주는 가장 큰 교훈은 무엇일까? 그것은 바로 변화는 위로부터 강요되어서는 안 되며, 아래에서부터 시작되어야 한다는 점이다. 제도가 바뀌고 법이 정비된다고 해서 신뢰가 저절로 회복되지는 않는다. 그것은 우리 각자가 만들어 가야 하는 것이다.

우리는 지난 수십 년간 수많은 변화를 겪었다. 그리고 때로는 같은 문제를 되풀이하며 같은 실수를 반복하기도 했다. 하지만 중요한 것은 그 과정 속에서도 조금씩 앞으로 나아가고 있다는 점이다. 우리가 잊지 말아야 할 것은, 한 사회의 회복과 발전은 단순히 시간이 해결해 주는 것이 아니라는 사실이다. 그것은 끊임없는 노력과 선택의 결과물이다.

그렇다면 우리는 어떤 선택을 해야 할까? 우리 사회가 다시 신뢰를 쌓고, 서로를 이해하며, 함께 나아가기 위해서는 무엇이 필요할까? 아마도 가장 중요한 것은 '기억하는 것'일 것이다. 우리는 과거를 직시하고, 그 안에서 무엇이 문제였고, 어떻게 개선해야 하는지를 고민해야 한다. 독일이 과거의 잘못을 반복하지 않기 위해 끊임없이 반성하고 토론했던 것처럼, 우리도 그러한 노력을 기울여야 한다.

이 책을 통해 우리가 함께 나눈 이야기들이 단순한 지식으로 남지 않기를 바란다. 그것이 실제로 우리의 사고를 바꾸고, 행동을 바꾸고, 더 나아가 우리의 사회를 변화시키는 데 기여하기를 희망한다. 변화는 결코 쉬운 일이 아니다. 때로는 지치고 포기하고 싶을 때도 있을 것이다. 하지만 작은 움직임이 모여 큰 흐름을 만들어낸다는 것을 기억하자.

우리는 이미 많은 것을 경험했고, 또 많은 것을 극복해 왔다. 이제 우리의 과제는 앞으로 나아가는 것이다. 서로가 서로를 신뢰할 수 있는 사회, 과거의 실수를 반복하지 않는 사회, 그리고 더 나은 미래를 만들어 가는 사회를 위해 우리는 무엇을 할 수 있을까? 이 질문을 마음에 품고, 우리 각자가 스스로의 자리에서 작은 변화를 만들어 나갈 수 있기를 바란다.

이제 우리의 이야기는 끝이 나지만, 우리의 여정은 계속된다. 그리고 그 여정 속에서 우리는 반드시 더 나은 길을 찾아낼 것이다.

대한민국 리부트

초판1쇄 2025년 04월 28일 **지은이** 시우진 **펴낸곳** 북서퍼 **편집** 이지현 이루희 **전화번호** 010-2844-0305 **팩스번호** 0504-261-0305 **이메일** booksurfer3@naver.com
출판등록 제469-2023-000005호
홈페이지 instagram.com/booksurfer3 | blog.naver.com/booksurfer3

ISBN 979-11-989322-1-1 (03900)
ⓒ시우진 2025

*책값은 뒤표지에 있습니다.

이 도서의 국립중앙도서관 출판예정도서목록(CIP)은 서지정보유통지원시스템 홈페이지와 국가자료공동목록시스템에서 이용하실 수 있습니다.

이 책은 저작권법에 따라 보호받는 저작물이므로 무단 전재와 복제를 금합니다.
이 책 내용의 전부 또는 일부를 이용하려면 반드시 저작권자와 출판사의 서면 동의를 받아야 합니다.